教师工作系列丛书

U0915142

幼儿园教师专业标准（试行）解读

Youeryuan Jiaoshi Zhuanye Biaozhun (Shixing) Jiedu

教育部教师工作司　组编

北京师范大学出版集团
BEIJING NORMAL UNIVERSITY PUBLISHING GROUP
北京师范大学出版社

图书在版编目(CIP)数据

幼儿园教师专业标准(试行)解读/教育部教师工作司组编.—北京:北京师范大学出版社,2013.1(2025.7 重印)

ISBN 978-7-303-15405-0

Ⅰ.①幼… Ⅱ.①教… Ⅲ.①幼教人员-师资培养 Ⅳ.①G615

中国版本图书馆 CIP 数据核字(2012)第 219783 号

出版发行:北京师范大学出版社 https://www.bnupg.com
北京市西城区新街口外大街 12-3 号
邮政编码:100088

印　　刷:河北品睿印刷有限公司
经　　销:全国新华书店
开　　本:730 mm×980 mm　1/16
印　　张:11
字　　数:190 千字
版　　次:2013 年 1 月第 1 版
印　　次:2025 年 7 月第 35 次印刷
定　　价:28.00 元

责任编辑:张丽娟　　美术编辑:高　霞
责任校对:李　菡　　责任印制:赵　龙

读者服务电话:010-58806806
如发现印装质量问题,影响阅读,请联系印制管理部:010-58800608

幼儿园教师专业标准(试行)解读

编 委 会

序

“善之本在教，教之本在师”。教师是学生健康成长的引路人和指导者，是人类文明的传承者和创造者，是社会美好价值的坚守者和弘扬者，是建设美丽中国和托举中华民族复兴梦想的重要力量。

“国将兴，必贵师而重傅”。党和国家历来高度重视教师队伍建设，新中国成立以来特别是改革开放以来，牢牢确立了教师在教育事业中优先发展的战略地位，牢牢把握了以教师为主体的核心立场，牢牢树立了教师专业化发展的基本导向，教师队伍建设取得了历史性的重大成就。我国已经形成了一支规模居世界前列的教师队伍，支撑起了世界上最大规模的教育体系，基本满足了我国教育事业发展需要。教师的经济和社会地位明显提升，教师的工作和生活条件明显改善，教师培养培训和管理工作不断加强，教师队伍整体素质不断提升。一批又一批可歌可泣的先进人物和教书育人的楷模典范，充分展示了学为人师、行为世范的人格魅力，为全社会树立了光辉的榜样。

教师强则教育强，教育强则国家强。党的“十八大”报告把教育放在改善民生和加强社会建设之首，强调要“加强教师队伍建设，提高师德水平和业务能力，增强教师教书育人的荣誉感和责任感”。今年9月7日，国务院召开了全国教师工作暨“两基”工作总结表彰大会，会前印发了新中国成立以来第一个全面部署教师工作的纲领性文件《关于加强教师队伍建设的意见》，发出了全面加强教师队伍建设的进军令。

当前，我国教育改革发展已经进入到了全面提高教育质量、努力办好人民满意教育的历史新阶段，加强教师队伍建设是最重要的基础性工作。要坚持师德为先，把师德教育融入教师职前培养、准入、职后培训和管理的全过程，建立健全教育、宣传、考核、监督与奖惩相结合的师德建设工作机制，引导广大教师教书育人、立德树人。要坚持能力为重，完善教师队伍建设标准体系，提高教师培养培训质量，提升教师专业化水平，营造有利于教育高端人才成长的环境，造就一批教育家。要坚持统筹协调，统筹区域之间、城乡之间、校际之间的师资配置，促进教师交流，加快缩小差距，使各级各类教师队伍的结构上科学合理，规模上满足需求，质量上显著提升。要坚持改革创新，改革教师收入分配制度，严格教师资格和准入退出制度，完善教师考评标准，健全教师社会保障制度，以开放的思路、灵活的政策，吸引社会各方面力量支持教师队伍建设，让广大教师的育人环境更好、发展空间更大，使教师成为全社会更受尊敬、更令人向往的职业。

在全党全社会深入学习贯彻党的“十八大”精神之际，教育部教师工作司组织编写的《教师工作系列丛书》(以下简称《丛书》)即将出版，很及时，也很有意义。《丛书》广泛汇集专家学者的思想智慧，及时总结推广教师队伍建设工作的最新研究成果，集中展示教师工作改革发展的生动实践和典型经验，对于贯彻落实党的“十八大”精神，全面加强和改进新形势下的教师队伍建设工作，具有很强的指导性。相信《丛书》的出版，将进一步凝聚教师工作改革动力和创新智慧，进一步丰富教师队伍建设的理论和实践成果，为建设高素质专业化教师队伍，在更高起点上推进教育事业科学发展作出积极的贡献！

是为序。

教育部副部长

刘利民

2012年12月

前　言

随着《国家中长期教育改革和发展规划纲要(2010—2020年)》(以下简称《规划纲要》)、《国务院关于当前发展学前教育的若干意见》的贯彻实施，各地学前教育三年行动计划的纷纷出台，大力发展学前教育正成为我国教育事业发展的一道亮丽风景线。学前教育发展不仅需要建设一批坚实安全的幼儿园，更需要建设一支师德高尚、业务精良的幼儿园教师队伍。要实现"基本普及"的战略目标，满足人民群众对学前教育的热切需求，不仅仅意味着入园率的提高，更重要的是学前教育质量的提升，而其中的关键与核心便是教师队伍质量的提升。《规划纲要》明确指出："教育大计，教师为本。有好的教师，才有好的教育""严格教师资质，提升教师素质，努力造就一支师德高尚、业务精湛、结构合理、充满活力的高素质专业化教师队伍"，这既是国家对教师队伍重要性的确认，也是国家对高素质专业化教师队伍的追求。国际相关经验也表明，幼儿园教师质量决定着学前教育的质量，高素质专业化的幼儿园教师队伍是高质量教育和儿童健康发展的重要保障。因此，目前世界上许多国家都有幼儿园教师专业标准。在我国，研究制定适宜、规范的幼儿园教师专业标准，明确合格的幼儿园教师应具备的基本专业素养，并引领和促进幼儿园教师的专业发展，无论对当下还是长远的幼儿园教师队伍建设、学前教育事业健康发展和亿万幼儿的健康成长，都是极其重要的。

《幼儿园教师专业标准(试行)》(以下简称《专业标准》)正是在为满足我国学前教育事业发展需要、应和国际教师专业发展趋势的大背景下，作为贯彻落实《规划纲要》的一项紧迫任务而制定颁布的，是国家在加快普及学前教育、保障整个教育事业科学发展和教育公平的新形势下为保障学前教师队伍质量和幼儿健康成长而出台的重要文件之一。

《专业标准》是国家对合格幼儿园教师专业素质的基本要求，是幼儿园教师实施教育教学行为的基本规范，是引领幼儿园教师专业发展的基本准则，也是幼儿园教师培养、准入、培训、考核等工作的重要依据。它的出台将极大地促进我国教师专业水平的提高，对于建立教师专业标准体系，严格实施教师准入制度，提高教师队伍整体素质，提升教育质量，促进学前教育均衡发展和教育公平都将发挥重要作用。

《专业标准》是在教育部教师工作司的领导下，理论工作者和实践工作者集体智慧的结晶，凝聚了广大学前教育研究者、行政管理人员、教师培养培训者、一线园长和教师等多方面的心血、智慧和经验。特别是教育部高等学校幼儿园教师培养教学指导委员会、中国学前教育研究会教师发展专业委员会的专家、学者和同志们为标准的研制工作付出了大量的心血。《专业标准》的研制过程历时一年半，经历了科学研究和严谨论证的艰辛历程。在深入扎实的理论研究、国际比较研究、实证研究等基础上形成初稿后，广泛征求了多方面的意见，召开了多次的专家研讨、论证会和征求意见会，集中研讨反馈和重点定向征求意见，不断修改完善文本。最终形成的《专业标准》送审稿，经过了近20稿的修改和反复推敲。《专业标准》的研制，始终坚持和体现了“专业导向，师德为先；基本规范，前瞻引领；全面要求，突出重点；共同准则，体现独特；立足国情，国际视野”的指导思想。《专业标准》明确幼儿园教师是对幼儿实施保育和教育职责的专业人员，需具有特定的专业素质，具有良好的职业道德与态度、专业的教育知识和技能；《专业标准》既是国家对合格幼儿园教师专业素质的基本要求，规定了幼儿园教师必须达到的基本专业素养和开展保教活动的基本规范，同时又是引领幼儿园教师专业发展的基本准则，指引教师专业发展的方向；既将专业理念与师德、专业知识和专业能力作为幼儿园教师必备的基本素质与条件，同时特别注重专业理念与师德，将其作为教师专业标准的灵魂与核心；既充分反映了教师职业所应具有的普遍性专业特点，同时又适应幼儿身心发展需求和幼儿园阶段教育的特殊性，充分体现了幼儿园教师素质的独特性；既充分考虑了满足我国社会和学前教育改革发展的需求，充分考虑了适合于我国国情与教师队伍建设发展的需要，同时积极借鉴了国际相关儿童发展、教育改革，特别是教师专业标准和专业化发展等最新研究成果，符合世界教育改革与教师专业发展的趋势。

《专业标准》的出台标志着我国学前教育师资队伍建设跨入了科学化和专业化的新的历史阶段。为了使广大理论和实践工作者，尤其是行政管理人员、教研人员、教师培养培训者、一线园长和教师们更好地学习、领会、贯彻、落实《专业标准》精神，受教育部委托，我们特别邀请了全程参与《专业标准》研制的部分教育部高等学校幼儿园教师培养教学指导委员会和中国学前教育研究会教师发展专业委员会的委员共同参与《幼儿园教师专业标准（试行）解读》（以下简称《解读》）的撰写工作。具体分工是：第一章由我、虞永平、秦金亮撰写，第二章由李季湄、夏如波撰写，第三章由易凌云撰写，第四章由冯晓霞撰写，第五章由刘占兰撰写，第六章由郭亦勤撰写。本书着重对《专业标准》的研制背景、指导思想、依据、主要特点、主要内容等进行了深入阐释和分析，有助于大家全面理解和深刻把握《专业标准》的基本理念和核心精神，并推动其在实践中更好地贯彻与践行。

在本《解读》撰写过程中，许多领导、专家、园长和教师们对《解读》的结构、内容等提出了宝贵的意见和建议，特别是教育部教师工作司的领导给予了重要的指导。在此，我谨代表教育部高等学校幼儿园教师培养教学指导委员会和中国学前教育研究会教师发展专业委员会对所有支持和参与《专业标准》文本研制和《解读》撰写工作的领导、专家、同行们表示衷心的感谢！

由于《解读》撰写的时间比较短，疏漏和不尽人意的地方在所难免。恳请广大读者、同行朋友们不吝批评指正！

庞丽娟

2012 年 12 月

目　录

第一章　概　　述

【导读】《幼儿园教师专业标准(试行)》(以下简称《专业标准》)是在为满足我国学前教育事业发展需要、应和国际幼儿园教师专业发展趋势的背景下，作为落实《国家中长期教育改革和发展规划纲要(2010—2020年)》(以下简称《规划纲要》)的一项紧迫任务而制定颁布的。本章深入阐释了《专业标准》研制的必要性、指导思想和主要依据，分析了《专业标准》的性质定位、基本架构和主要特点。有助于全面理解和深刻把握《专业标准》的基本理念和核心精神，并推动《专业标准》在实践中更好地贯彻与践行。

第一节　制定《幼儿园教师专业标准(试行)》的必要性

《专业标准》是国家对合格幼儿园教师专业素质的基本要求，是幼儿园教师实施教育教学行为的基本规范，是引领幼儿园教师专业发展的基本准则，也是幼儿园教师培养、准入、培训、考核等工作的重要依据。《专业标准》是在我国学前教育事业发展需要和国际幼儿园教师专业发展趋势的双重推动下研制的。

一、《专业标准》研制的必要性

《专业标准》的研制和实施是我国学前教育事业发展的需要，是适应国际学前教育发展形势的必然要求，也是贯彻落实《规划纲要》和《国务院关于当前发展学前教育的若干意见》(以下简称《学前教育“国十条”》)的重要举措和紧迫任务。

(一)我国学前教育事业发展的需要

随着《规划纲要》的贯彻落实、《学前教育“国十条”》的颁布实施、各地学前教育三年行动计划的纷纷出台，大力发展学前教育正成为我国教育事业发展的一道亮丽的风景线。

学前教育事业发展不仅需要建设一大批坚实安全的幼儿园，更需要建设一支师德高尚、业务精良的幼儿园教师队伍。要实现“基本普及”的战略目标，满足人民群众对学前教育的迫切需求，不仅仅意味着入园率的提高，更重要的是学前教育质量的提升，而其中的关键与核心便是教师队伍质量的提升。《专业标准》正是在回应学前教育事业发展之需，在加快普及学前教育的新形势下，为保障教育质量和幼儿健康成长而出台的一个重要文件。

(二)国际幼儿园教师专业发展的趋势

1966年联合国教科文组织发布《关于教师地位的建议》，提出了教师职业的专业化，以此提升教师地位和实现教师权益。自此，在世界范围内掀起了一场声势浩大的“教师专业化”运动。而在1980年以后，教师专业化运动追求的目标从教师权益转移到教育质量上。1986年，美国卡耐基教育和经济论坛发表《国家为培养21世纪的教师做准备》、霍姆斯小组发布《明日的教师》报告，敦促教师专业化水平提高的改革。英国于1984年成立了教师教育课程鉴定委员会(后来的教师培训署)，致力于建立全国范围的教师教育质量标准体系。日本也在20世纪70年代制订了教师专业发展计划，并设立了丰富的激励机制以促使教师投入专业化发展中。

目前，欧美等国均形成了自己的教师专业发展和评价体系，而教师专业标准体系在教师专业化中起到了重要作用。从国际经验看，提升教师队伍的专业化水平，也多是从教师专业标准的制定和执行入手的。适应国际幼儿园教师专业发展的趋势，制定我国的幼儿园教师专业标准也成为国际教师专业标准化运动的一部分，并共同推动着幼儿园教师专业化的进程。

(三)落实《规划纲要》的紧迫任务

《规划纲要》指出："教育大计，教师为本。有好的教师，才有好的教育。提高教师地位，维护教师权益，改善教师待遇，使教师成为受人尊重的职业。严格教师资质，提升教师素质，努力造就一支师德高尚、业务精湛、结构合理、充满活力的高素质专业化教师队伍。"这是国家对教师队伍重要性的确认，是国家对教师职业地位的确认，也是国家对高素质专业化教师队伍的呼唤。《规划纲要》还指出："严格执行幼儿教师资格标准，切实加强幼儿教师培养培训，提高幼儿教师队伍整体素质，依法落实幼儿教师地位和待遇。"这是教师专业化队伍建设在学前教育领域中的具体要求，重点是严格执行幼儿园教师资格标准，只有坚持幼儿园教师资格标准，才能确保幼儿园教师队伍的质量，才能实现幼儿园教师的专业化。《学前教育"国十条"》提出"国家颁布幼儿教师专业标准"。制定教师专业标准，明确教师专业素质要求，是建立、健全教师管理制度的一项重要内容，将极大有利于促进我国教师专业水平的提高。建立教师专业标准体系，严格实施教师准入制度，对于提高教师队伍整体素质，提高教育质量，促进学前教育均衡发展和教育公平都将发挥重要作用。

总之，无论是从促进教师的专业化，还是从提升教师的教育质量来说，《专业标准》都能够起到重要的指引和支撑作用。"教师专业标准的意义在于它是选拔教师的依据，是培训教师的指南，是评价教师的尺度，是引领教师自身发展的导向，还是提高整个教师队伍素质和水平的依据。"①面对当前我国幼儿园教师队伍水平、素质参差不齐的现状，制定幼儿园教师专业标准指引教师教育和教师专业发展与教育教学工作成为当务之急。

二、《专业标准》研制的指导思想

《专业标准》是广大学前教育研究者、幼教行政管理人员、学前师资培养培训机构领导与教师、一线园长和教师等多方面共同研究、努力的成果。在

① 李方，钟祖荣. 教师专业标准与发展机制——教师专业化国际研究译文集[M]. 北京：北京出版社，2004：1.

研制过程中，始终坚持和体现了以下指导思想。

1. 专业导向，师德为先

幼儿园教师是对幼儿实施保育和教育职责的专业人员，需具有特定的专业素质，具有良好的职业道德与态度、专业的教育知识和技能。因此，《专业标准》奉行明确的专业导向，坚持严格的职业道德规范，明确规定幼儿园教师从事幼儿园教育教学工作所必须达到的基本专业要求。

2. 基本规范，前瞻引领

《专业标准》是国家对合格幼儿园教师专业素质的基本要求，规定的是幼儿园教师必须达到的基本专业素养和教师开展保教活动的基本规范，同时又应该是引领幼儿园教师专业发展的基本准则，为幼儿园教师专业发展提供方向性的指引和导航。幼儿园教师应按标准中所提出的专业要求，不断提升专业发展水平。

3. 全面要求，突出重点

《专业标准》将专业理念与师德、专业知识和专业能力三方面作为幼儿园教师必备的基本素质与条件，尤其注重专业理念与师德，将其作为《专业标准》的灵魂与核心。《专业标准》强调合格的幼儿园教师必须富有爱心、责任心、耐心和细心，必须关爱幼儿，尊重幼儿，做幼儿健康成长的启蒙者和引路人。同时对当前社会反映的教师专业意识或行为中薄弱、不足的方面，予以关注与强调。

4. 共同准则，体现独特

《专业标准》既要充分反映教师职业所应具有的普遍性专业特点，同时又要适应幼儿身心发展需求和幼儿园阶段教育的特殊性，充分体现幼儿园教师素质的独特性。在本《专业标准》中，特别强调幼儿园教师要保教结合，适宜安排幼儿的一日生活；重视环境和游戏对幼儿发展的独特价值，积极支持与引导幼儿游戏，将教育灵活地渗透于幼儿的一日生活与活动中。

5. 立足国情，国际视野

《专业标准》是引领我国幼儿园教师专业发展的基本准则，要充分考虑满足我国社会和学前教育事业改革发展的需求，并充分考虑我国国情与教师专业发展和教育现状。同时，要积极分析与借鉴国际相关儿童发展、教育改革，特别是教师专业标准和专业化发展等最新研究成果，以制定既符合世界教育改革与教师专业发展趋势，又适合于我国国情的幼儿园教师专业标准。

第二节 制定《幼儿园教师专业标准(试行)》的依据

教师专业化和幼儿教育质量是制定《专业标准》两个相互关联的理论基础。一方面，要承认幼儿园教育是一个专业，从事这项工作的幼儿园教师才是专业人员，才会有《专业标准》；另一方面，教师的专业化对幼儿园教育质量有重要影响，教师的专业化发展对于提升教育质量具有决定性的意义。我国幼儿园教育和教师队伍的现实状况也是制定《专业标准》的重要依据。

一、《专业标准》制定的理论基础

《专业标准》研制的理论基础主要是幼儿园教师专业化理论和幼儿园教育质量理论。幼儿教育的专业化和幼儿园教师的专业化是《专业标准》产生的前提和条件，《专业标准》的出台也必将促进幼儿教育的专业化和幼儿园教师的专业化。

(一)幼儿园教师专业化理论

随着社会的进步、教育的变革和学前教育事业的发展，幼儿教育专业逐渐成熟并得到广泛的认同。幼儿园教师的专业化水平不断提高，专业身份得到确立，专业地位不断提升。

1. 专业的基本特征

职业不等同于专业，并不是所有的职业都能成为专业或专业职业。很多学者对专业的条件和特征进行了研究，提出了一些标准或特性。在很多关于专业的定义中我们可以发现，专业往往是一个特殊的职业，是一个不可替代的职业，它为社会提供特殊的服务，社会正是在这些特殊的服务中得以运行，从事特殊职业的人员往往拥有特殊的知识和能力。概括起来看，一个职业要成为专业，必须具备几个基本的特征。

(1)具有特殊价值和不可替代性。即这个职业所提供的服务有别于其他的职业，对社会有特殊的价值，能满足社会特殊的需求，为社会提供特殊的服务，这种价值是其他职业所不能弥补的，因而从事这种职业的人是其他人员不可替代的，他们为社会提供的服务也是不可替代的。

(2)具有特定的专业知识、专业技能和专业伦理。即具有一个专门的知识体系，有一套特定的概念、命题、原理和逻辑体系，能够指导和引领相应的实践。同时，具有一套特定的技能，针对特定的领域和特定的问题，并与专业知识相联系。还有一套特定的伦理，引领从业者的态度、意识和情感，指导和规约从业者的行为。

(3)需要专门培训和持续发展。从事具有专业性职业的人员都需要经过一定的专门培养，系统掌握专业知识和技能，深刻理解专业伦理，并通过一定的实践发展基本的专业能力，为从事专业工作做好专业准备。只有这样，他们才能拥有专业素养，真正成为不可替代的专业从业人员。由于任何专业都是不断发展的，任何专业人员都必须不断地学习和持续地发展，以适应专业的发展变化与不断更新。

(4)具有专业自主。自主性意味着自决权和创新。一个专业的专业知识与技能以及专业伦理，是在实践和理论的共同作用下产生的，它们由专业人员发展而来并受专业人员的支配，专业人员有对这个专业体系拥有充分的解释权和使用权，外在因素不能对其产生根本上的影响。专业人员也有发展这个专业体系的权利和责任，正是在专业人员不断的研究和创新下，专业的知识、能力和伦理体系才得以不断地完善和发展。

(5)具有权威的专业组织。一个专业一定拥有相应的权威组织，这个组织主要由专业权威人士组成，在专业方向引领、专业问题的咨询和裁决过程中起着重要的作用，甚至引领着一个阶段或一个时代的专业核心精神。有些社会中，专业组织有制定专业规范和标准的功能，是专业人员的专业精神家园，也是专业人员不断前进和发展的助推力量。

正是以上五个核心的特征，决定了一个专业的专业性程度即专业成熟度，决定了一个专业的从业人员的地位、待遇乃至尊严，决定了一个专业从业人员的专业自主性、专业意识和专业精神。用以上特征来分析和讨论幼儿园教师的专业性是非常必要的，这种分析能让我们确认幼儿园教师是专业人员，也能让我们意识到提升幼儿园教师专业性的必要性和紧迫感。

2. 幼儿教育专业及其特点

幼儿园教师是对 3～6 岁幼儿进行教育的专业人员。他们提供的这种社会服务是特殊的和不可替代的，是一项专业性很强的工作。而且，3～6 岁幼儿的身心发展特点决定了他们的生活自理能力还很低，幼儿园教师同时照顾全班数十个幼儿的生活，满足他们不同的情感需求，这是一项复杂而艰巨的专业性工作。

幼儿园教师的教育对象有着独特的身心发展特点。3～6 岁幼儿的身心发展规律和学习特点决定了他们的主要学习不是借助书面文字或抽象符号来学习，而是通过行动和经验并动员多种感官来学习。从本质上说，3～6 岁的幼儿的学习，就是做事，让幼儿做符合自己需要和天性的事，做力所能及且具有受挑战的事，做能感受到趣味且具有创造性的事。做事的核心是让幼儿获得有益的经验。这种学习与小学的学习不同，教师的主要任务不是讲解或解读抽象文本，而是为幼儿创造条件和机会，提供材料，给予必要的支持、帮助和引导，使幼儿获得有益的感性经验。这种教育不是依循书面文本的逻辑，而是依循幼儿发展的逻辑，依循幼儿兴趣需要和生活的逻辑。为了实施这种以经验为核心的教育，教师必须具有幼儿身心发展规律和学习特点的知识。

幼儿园教师还应具有一些特殊性知识。幼儿园教师承担着幼儿保育和教育的双重工作任务，而且幼儿园教师的知识主要是践行性的知识。保育工作主要是对幼儿身体的照护，对缺乏生活自理能力的幼儿提供必要的照顾和帮助，负责幼儿的饮食、睡眠等主要的生活环节。与中小学教师相比，幼儿园教师没有“下课”离室的权利，只有时刻关注幼儿的责任。因此，幼儿生理学、幼儿卫生学、幼儿营养学、幼儿运动学等是幼儿园教师应该具备的重要知识。是否具备这些知识，既是衡量幼儿园教师专业化水平的重要尺度之一，也是幼儿园教师专业准入的重要条件。所谓幼儿园教师的专业合格，衡量的就是幼儿园教师进行包括幼儿保育在内的专业学习的程度。幼儿园教师还承担着对幼儿进行全面发展教育的任务，促使幼儿在体、智、德、美等方面全面发展，是幼儿园教师的职责。与中小学不同，幼儿园教师对幼儿的教育责任首先不是促进学科知识的获得，而是真正意义上的促进全面发展。而在幼儿园，一般说来，一个幼儿园教师要实施全面的教育活动，有综合各种教育内容的能力，更多地体现幼儿园教育生活化和综合性，这些都要求幼儿园教师能熟知各领域教育的知识与方法。3～6 岁幼儿的身心发展特点决定了对他们的保育和教育不能有差错，否则可能危及他们的身体、心理甚至生命，因此需要特别细心；他们的自理、自律能力较弱，需要教师有更大的耐心，有更多的爱心。这就要求幼儿园教师依循特殊的专业伦理。

幼儿园教师所需要的保育和教育知识，需要经过长期的专业学习。在我国的教师培养体系中，从中专、大专、本科、硕士生、博士生都有幼儿教育专业，其中，中专到本科是培养幼儿园的专门教师的重要教育阶段。我国学前教育的两位重要奠基者陈鹤琴和张雪门为幼儿教育的理论和实践奠定了坚实的基础，他们已经认识到教师培养在幼儿教育事业发展中的重要意义，他们都研究和实践了幼儿师范教育，分别建立了我国南、北两方的幼儿师范教育体系，为我国的幼儿教育事业培养了很多优秀人才。我国已经积累了不同阶段幼儿教育专门人才培养的宝贵经验，已经初步形成了幼儿教育专门人才培养和培训的理论和实践体系，这是我国教师教育体系的重要组成部分。

在我国，幼儿园已经形成了不同层次的专业学术组织。在幼儿园内部，有年级组、教研组等业务组织，主要用于研究和解决教育教学等专业事务和专业问题，在幼儿园具有相对的权威性。在幼儿园外部，有分片区的教研组织，在省和地市也均有相应的教研组织。此外，全国及各省和地市都有幼儿教育的群众性学术研究团体，主要的功能是学习幼儿教育的专业理论和研究幼儿教育的专业问题，已经形成了一个覆盖全国的专业组织体系。

3. 幼儿园教师的专业化

从以上分析可见，幼儿教育作为一个专业，是符合专业的基本特征的，因而幼儿园教师作为专业人员也是符合专业人员的基本特征的。那么幼儿园教师如何专业化呢？这是一个重要的理论问题，也是一个重要的实践问题。

在学理层面上，幼儿园教师的专业性是毋庸置疑的。但在大众意识层面上，幼儿园教师的专业性还没有充分确立，还有很多的公众没有充分认识到幼儿园教师职业的专业性，甚至还有人将幼儿园教师这个职业等同于“保姆”“阿姨”，甚至一些公共媒体也惯用这些称呼。幼儿园教师的专业性必须做到四个层面上的统一，一是学理层面；二是教育实践层面；三是政策制度层面；四是公共意识层面。只有做到这四个层面的统一，幼儿园教师的专业性才能真正地确立，幼儿园教师的专业性才能通过地位、待遇、尊严和义务等层面来加以保障和确认。从这个意义上说，幼儿园教师的专业化不只需要教师个人努力，还需要全社会努力，全社会应提高对学前教育和幼儿园教师专业性的认识，提高教师的地位和待遇，确保教师的专业尊严。当然，幼儿园教师的专业化也必然取决于教师自身的努力。

时至今日，还是有人认为幼儿教育不是真正的专业，幼儿园教师甚至整个教师队伍不是真正的专业人员，认为幼儿园教师是“半专业”“准专业”或是“不成熟专业”的从业人员。《专业标准》的颁布与实施，将使幼儿园教师的专业化身份得以真正确立。《专业标准》明确提出：幼儿园教师是履行幼儿园教育教学工作职责的专业人员。在强调幼儿教育科学性的今天，幼儿园教师的专业性日益明显，从一定程度上说，幼儿园教师的专业化是幼儿教育不断发展的表现，是社会对幼儿教育认识不断科学化的表现，也是社会不断文明和进步的表现。

同时，我们也应该看到，幼儿园教师的专业化水平有待提高，幼儿园教师的准入门槛有待提高。幼儿园教师专业化需要关注以下四个关键方面。

一是要不断完善幼儿教育的科学体系。一个专业一定有可以赖以支撑其存在和发展的科学理论，幼儿教育理论的发展对幼儿教育专业的完善具有重要的意义。幼儿教育理论如何更深入地解释幼儿教育实践的本质，更全面地提升幼儿园教育实践的经验，更广泛地借鉴多学科的理论成就和方法论，不断提高理论的科学性和对实践的指导性，这对于提升幼儿园教师的专业化水平具有重要的价值。

二是要不断提升幼儿园教师的专业水准和准入水平。要提高幼儿园教师的职前培养和职后培训的水平，要将幼儿教育科学融入教师教育课程体系之中，通过让幼儿园教师掌握更多、更科学的专业理念、专业知识和专业技能，提升幼儿园教师素养的特殊性和不可替代性，提升幼儿园教师的工作能力和工作水平。要把好幼儿园教师的准入关，确保幼儿园教师的专业性，必须建立幼儿园教师的专业准入标准和专业发展目标，避免降低幼儿园教师的素质标准，降低幼儿教育的水平，削弱幼儿园教师的专业地位和专业尊严。

三是要不断发挥幼儿园教师的专业自主。幼儿园教育的最大特点是针对性、园本性和适宜性，要从幼儿的实际出发，充分运用幼儿教育的科学理论，采用适宜的内容和灵活多样的方法，因地制宜采用课程资源，组织教育活动。这就要求幼儿园教师的专业自主和专业创新。这是幼儿园教师比任何教育阶段的教师都特别需要锤炼的智慧和能力，也是幼儿园教师专业化的重点和难点所在。

四是要努力实现专业更新与发展。不断专业化就是不断更新和发展，不断适应新的科学思想和新的科学实践。没有更新与发展就没有专业化。因此，幼儿园教师的专业发展必须与学习、接纳变化和尝试变化联系在一起，这也是专业自主的表现。幼儿园教师应在三个方面努力实现转变：教师将要学习使用新的或改进过的材料，学习采用新的教学策略和活动，并且学习改变他们的信念和价值观。

(二)幼儿教育质量理论

幼儿园教育质量与教师的专业素养高度相关。幼儿园教师的专业性影响着幼儿园教育质量，提高教师专业素养是提升幼儿教育质量的关键。

1. 幼儿园教师专业性影响幼儿教育质量

由于身份、视角和需求的不同，人们对质量的判断经常是不尽相同的，因此没有绝对统一的质量观。但对于幼儿教育的质量，人们已经有一些基本共识性的指标。包括：满足发展发育的需要、适当与安全的环境、保教人员与儿童的比例、发展适宜性的教育方案与实践、家庭教育与支持、人员培训与发展等。其中人员的培训与发展就是幼儿园教师的专业化，是影响幼儿园保教质量的重要因素。

我国的《幼儿园教育指导纲要(试行)》(以下简称《指导纲要》)为确保幼儿园教育质量，从幼儿教育认识和实践的角度对幼儿园教师提出了很高的专业发展要求，是在教育实践中引导教师不断专业化的重要指针。这些要求与美国"发展适宜性实践"中对教师的要求有很多方面是相似的，对教师的专业性是一个重大的挑战，要求教师必须树立以儿童为本的理念，坚决改变传统的课程观和教学方式，不断接受新的理念和新的实践。

2. 提高教师专业素养是提升幼儿教育质量的关键

《规划纲要》指出："把提高质量作为教育改革发展的核心任务。树立科学的质量观，把促进人的全面发展、适应社会需要作为衡量教育质量的根本标准。树立以提高质量为核心的教育发展观，注重教育内涵发展。"《学前教育"国十条"》中指出，"必须坚持科学育儿，遵循幼儿身心发展规律，促进幼儿健康快乐成长""加快建设一支师德高尚、热爱儿童、业务精良、结构合理的幼儿园教师队伍""保障适龄儿童接受基本的、有质量的学前教育""遵循幼儿身心发展规律，面向全体幼儿，关注个体差异，坚持以游戏为基本活动，保教结合，寓教于乐，促进幼儿健康成长。为儿童创设丰富多彩的教育环境，防止和纠正幼儿园教育'小学化'倾向。建立幼儿园保教质量评估监管体系。健全学前教育教研指导网络。要把幼儿园教育和家庭教育紧密结合，共同为幼儿的健康成长创造良好环境"。其中的质量意识显而易见，质量内涵清晰可辨。学前教育的质量事关未来一代发展的水平和一生的幸福，涉及广大人民群众的切身利益，影响国家和民族未来的发展。高质量的学前教育一方面取决于高质量的教育条件；另一方面取决于高素质的合格教师。当前，确保学前教育质量的关键因素之一就是要确保幼儿园教师的合格。

在我国，已经有一些设施完备、积极改革、理念科学的高质量的幼儿园，但就总体情况而言，学前教育的质量还偏低。学前教育质量比较低的结果是幼儿的全面发展不能充分地实现，幼儿的需要、兴趣和探究、表达欲望不能得到充分的满足。学前教育质量比较低的表现之一就是教育的内容和方法远离幼儿的生活，无视幼儿的身心发展规律和学习特点，导致"小学化"现象。造成学前教育质量低的原因有很多，如对理论的曲解和夸大，对儿童生活本质的不解和曲解等，但教师素质比较低是重要因素之一。

解决学前教育质量问题是一项系统工程。从我国当前学前教育发展的现实看，解决学前教育质量问题的主要途径有：加大对学前教育的投入，切实改善学前教育的条件；加强以维护"幸福童年"为核心的公众儿童观和教育观的宣传和引导；加强对教师地位、待遇和专业发展的关注，建立切实有效的保障机制。

幼儿的发展取决于教师的工作热情和积极性，这就需要确保幼儿园教师有尊严地生活和工作，确保教师的地位提高、待遇合理、专业发展的保障机制。以扩大班级规模的方式来解决"入园难"问题，不但没有真正解决"入园难"，还增加了班级的安全隐患，加大了教师的压力，教育质量也必然随之下降。由此看来，通过扩大班级规模来解决"入园难"就是以牺牲质量来换取入园率，就是以教师的疲惫、焦虑和苦恼换取入园率。而教师过重的身心负荷不只是影响教育的质量，也影响教师对工作的热情和态度，还影响幼儿园教师的社会形象、社会地位。

二、我国幼儿园教师队伍的现实状况

在我国，现代幼儿园的诞生将近110年的历史，与西方发达国家相比，我们是后起之秀。虽然我们拥有世界上最庞大的幼儿教育体系，但我们还面临很多的问题和困难，其中师资是核心问题之一。无论是从数量上还是质量上，我们的师资队伍还需要不断地完善，幼儿园教师专业化是完善师资队伍的一项重要工程。当前，迫切需要学习和落实《专业标准》，迫切需要提高幼儿园教师专业化的水准，迫切需要提升幼儿教育的质量。

(一)值得关注的现象与教师队伍专业化

在我国学前教育发展的进程中，出现了一些现象，这些现象从一定程度上折射出我国学前教育的质量问题，也折射出我国幼儿园教师的专业发展问题。

1. 幼儿园教育"小学化"现象

"小学化"有显性和隐性两种表现方式。最典型的显性表现就是幼儿端坐静听，教师始终处于讲解的状态。这种“小学化”的典型现象在一些学前教育发展相对落后尤其是幼儿园师资奇缺的地方还会更严重一些。一些中小学富余或聘余的教师转岗进入了幼儿园，而相关的专业培训又没有跟上，就很可能出现这种典型的“小学化”现象。在一些学前教育资源相对短缺的地方，虽然教师的专业合格，但由于班级规模过大，如有些班级达到50～70人甚至更多，也必然导致“小学化”现象。由此可见，要消除显性的“小学化”现象，当务之急是要加大对学前教育的投入，努力改善学前教育机构的物质条件，努力提高教师素质。

还有一种“小学化”现象相对隐蔽，其表现可能是间歇性的，其典型特点是教师的教育行为中存在着违背幼儿身心发展规律的现象，幼儿失去了学习的主动性和积极性，失去了应有的自由，教育过程失去了应有的趣味和快乐。这种隐性的“小学化”现象存在于很多幼儿园，可能是观念问题造成的，也可能是教育技能和策略的缺乏造成的。相对而言，观念问题是核心问题。如果一个教师在观念上不认同幼儿是学习的主体，没有认识到幼儿应有的权利以及自己在教育过程中的作用，就很容易导致“小学化”现象的产生。因此，要避免隐性的“小学化”现象，最根本的是教师要树立正确的儿童观、教育观、教师观、课程观和活动观。

“小学化”现象的成因是复杂的，有社会、家长等众多的因素在助长“小学化”，但关键是幼儿园教师，应让幼儿园教师不断提高专业化水平，成为社会和家长的引领者。我们应抓好国家正在努力推进的幼儿园教师“国家培训计划”，同时加强各级各类的幼儿园教师培训，尤其是要关注最基层、需要最迫切、最缺乏专业性的教师的培训；还应加强师范院校的课程与教学改革，提高师范院校本身的培养效果，避免把不合格的师资输送到幼儿园去，尤其要避免师范院校中专业教师数量少、学历和专业不达标的现象，切实保证输送全面发展的合格幼儿园教师。这是避免幼儿园教育“小学化”现象的根本途径。

2. 幼儿园教育“特色化”现象

普遍的“特长”教育和铺天盖地的“兴趣班”是幼儿园教育质量低下的另一个表现。目前所谓“兴趣班”“特长班”往往是成人主宰儿童的具体表现形式。

那些在吆喝“兴趣班”“特长班”的人往往是商业利益至上的人，当一个领域里外行在其中呼风唤雨的时候，说明这个领域的科学准则和专业性有待提高，这个领域的质量有待提高。学前教育目前就是这样一个领域。

中小学强调办学特色、校本特色，是因为中小学课程总体上说较一致化，就特定地区来说，教材是统一的，重大的考试试题是统一的。所谓校本课程只占10%～15%的比重，甚至在有些地方只是点缀。在这种情况下，提出特色办学、校本特色是非常必要的。幼儿园课程本来就是从幼儿园自身的实际出发建设的，所谓“教材”仅仅是参考的方案，幼儿园课程不是别人写好了课程教师去实施，而是教师参与课程建设，教师是课程建设的主体。幼儿园课程必须从“实施”走向“建设”。真正从特定班级、特定幼儿园实际出发建设的课程，不可能没有特色，特色不是标榜的、自封的，而是在长期的建设过程中自然形成的。目前很多幼儿园标榜的所谓“特色”是寻找出来的，不是通过建设生长出来的，更有一些幼儿园把违背幼儿身心发展规律的做法当作特色。有些地方把幼儿园课程是否有特色当作评价指标，引发幼儿园广泛地、违心地“捏造”特色。有些幼儿园把工作重点就放在所谓“特色”上，整体教育质量难以得到提升。这是今后一个时期必须认真反思和切实纠正的问题。

“特色”之风在幼儿园兴盛，有家长和社会等多方面原因，但不能忽视园长和教师的原因。园长和教师的专业性足以抵制人造“特色”之类违背幼儿教育规律的现象，坚持《专业标准》，努力促进教师不断地专业化，在学习和实践中实现专业成长，将有助于教师提高专业敏感性和自觉性，更努力地使幼儿教育符合幼儿教育的规律。

3. 幼儿园教师知识的缺陷

由于职前培养机构的质量良莠不齐，使得幼儿园教师的知识储备在许多方面都先天不足。有关幼儿发展的知识、幼儿保育教育的知识和通识性知识都不同程度地缺乏。

如以往的师范教育中有关幼儿发展的知识中就极其缺乏观察幼儿的方法和相关知识。从《工作规程》中可知，观察和记录幼儿是教师的重要职责。但是，教师在履行这个职责的过程中困难不小。在有些幼儿园，观察似乎变成了外加的甚至是强迫的任务，写观察记录就是为了交给园长。除了教师的责任心等因素外，影响教师观察和记录的重要因素是教师严重缺乏观察的知识。观察让老师们觉得很累、很难，觉得是难以承受的工作。有些教师没有相应的知识和方法，经常是埋头记录，记了满满数页，但自己不知道实际上看到了什么。这一切均与长期以来我国师范教育课程体系中缺乏相应的课程有关。近年来，一些师范院校开始在课程中增加相应的内容，但总体上看，教材、师资均比较薄弱。补充观察知识是完善幼儿园教师知识结构的重要任务。与观察联系在一起的就是课程设计。幼儿园课程设计的知识是幼儿园教师必备的基本知识。教师要能够使幼儿园课程更适合于幼儿园甚至是自己班上的幼儿。对教师来说，课程设计的核心内容不是建构幼儿园课程的完整框架，而是设计和规划以班级为基点的、考虑本班幼儿现实需要和可能的一日活动。

因此，要重点从以下几个方面弥补教师的知识缺陷。

首先，完善幼儿园教师的知识结构，除了需要职前教师教育机构的努力外，也需要职后培训机构的努力，更需要每所幼儿园和每个教师自身的努力。对照《专业标准》中对幼儿园教师专业知识的各方面要求查漏补缺，使每位教师都具备专业知识的合格要求。

其次，不断完善人文科学素养是现代社会对人的基本要求，更是对教师的基本要求。一个学前教育专业的学生一定要拥有基本的人文科学素养，才真正称得上大学生，才真正称得上大学毕业的幼儿园教师。科学人文素养是需要不断完善的，因此，对在职幼儿园教师而言，科学人文素养的提高，关键是靠自己。同时，幼儿园对科学文化素养学习的组织和规划也很重要，一个有内涵的教师，一所有内涵的幼儿园，一定是建立在坚实和不断完善的科学人文素养基础之上的。

再次，幼儿园教师的专业知识，包括教育基本观念、对幼儿的了解程度、保育教育的计划和实施以及评价的知识等，是随着幼儿教育研究的进展而不断发展的。而且，对幼儿园教师来说，专业知识不只是要了解，更重要的是要运用和践行，要将知识转化成为实践的现实成效，要转化成为幼儿的发展。因此，幼儿园教师的职业是当代社会职业中较为艰巨的职业之一，专业知识需要不断地更新、丰富和付诸实践。

最后，幼儿园教师要关注日常生活，不断充实日常生活中蕴含的知识。因为，对幼儿来说生活具有独特的意义和价值，生活就是学习。教师也只有关注生活，理解生活，研究生活，深入挖掘和利用社区资源和家庭资源，才能让幼儿在充满情趣的、生动活泼的、综合有序的环境中学习和生活，获得良好的发展。

(二)切实加强幼儿园教师的专业化

加强幼儿园教师的专业化，促进教师的专业成长，需要更多更深入地研究和关注幼儿园教师，通过支持鼓励、提供学习与发展机会、使教师获得成就感和成功的体验等方式促进教师的专业成长。

1. 在课程建设中促进幼儿园教师专业成长

我国幼儿园课程的发展得益于众多的因素和条件，其中，教师的专业素养是影响幼儿园课程建设水平和成效的重要因素。可以说，教师是幼儿园课程发展重要的推动力量，幼儿园课程的建设和发展推动了教师队伍的发展和成长。也只有与课程建设相联系的教师队伍建设才是最有效的。因此，要像研究课程一样研究教师，把握教师发展和成长的一些核心和关键因素，努力促进教师专业素养的提升，使课程建设成为教师的一种强烈的专业需要和有效的专业成长途径，让教师对课程建设有更强大的心理、专业和伦理的支撑，从而使课程获得新的推动力。

纵观历次幼儿园课程改革，我们可以发现，改革的很多课题本身就来自教师，教师队伍的状况决定了课程改革的内容，也决定了最终成效，课程改革经常与教师队伍管理制度的改革、教师的教育观念改革等联系在一起。在课程改革和发展的视野里关注教师的成长和发展，意味着要让教师把课程改革和发展当作自己乐于迎接的一个挑战，意味着看到了教师在课程建设和发展中的核心作用，意味着将教师的成长纳入课程甚至是教育改革的系统工程之中，意味着将勇于面对并努力应对教师所遇到的问题、困惑和苦恼。此外，也有必要回到源头去关注教师的发展，在课程改革和发展的大背景下研究教师的心理、伦理和专业状况。

2. 关心和有效帮助幼儿园教师

我们特别需要关注幼儿园教师的职业感受。职业感受是影响幼儿园教师专业理念与师德的关键因素。良好的职业感受能让幼儿园教师对职业有认同感，有理想和追求。教师的职业感受不是从教师自身内在生发的，而是教师的个人状况与外界条件相互作用的结果。教师的职业感受与其地位、待遇、社会和家长评价及工作成效等因素有着密切联系。了解教师的职业感受是引导、激励和帮助教师的基本前提。

从幼儿园层面来说，对待幼儿园教师的四个基本准则应该是：关注、赞同、情感和引导。所谓关注，就是要用心、在意和投入。对教师的行为如果是漫不经心的，教师就不会感受到真正的关注。因此，对于教师的行动，让我们多一些关注，积极创造与教师心灵沟通的机会。经常地、如实地表达对教师的赞同，有助于建立与教师之间的信任，有利于鼓励教师进一步的创新行为。对教师的赞同，不一定非要赞同全部的行为和结果，有时，只要赞同表现了教师智慧的、有创新意义的行为就可以。所谓情感，是关注、赞同的必然结果。对教师的关注、赞美，与教师的交谈，都渗透着我们对教师的情感，或欣赏，或关爱，或鼓励，或帮助。得到指点和教导是教师的重要需求，无视这一需求会让很多教师觉得失落。教师最反感的是，受到了很多的指责，但不知道怎么做才是正确的和必需的。因此，科学、合理的引导，是发挥教师作用的重要条件之一。

成就感是教师的一种重要的职业感受。如何看待和激发教师的成就感是我们应该关心的问题。成就感是与教师的工作态度、敬业精神等联系在一起的，适当的、合理的成就感能促进教师努力工作和主动创新。幼儿园教师成就感的指向主要不应是文本的和纸面的成果，而应是每天日常的幼儿行为和表现。也就是能通过温暖、积极而有效的师幼互动，引发幼儿积极投入、努力创造、主动表达，能让幼儿在原有水平上得到发展，是幼儿园教师最大的成就，文本的、纸面的成就只是日常幼儿表现的副产品，不能主次颠倒，避免对能写的但日常课程实施行为并不突出的教师大加褒扬，而对书面表达能力一般但保育教育工作很有创意并能有效促进幼儿发展的教师加以忽视。因此，要回到一日生活过程之中，回到教师和幼儿的行动之中，回到幼儿活动的现场。没有进入幼儿活动的现场，就没有对教师评价的权利。只有这样，我们才能真正引导教师拥有一种务实的、积极向上的成就感。

给予教师学习和发展的机会也至关重要。当前，在不断提高教师薪金的前提下，要关注对教师培训和提高的投入。政府财政经费的保证、幼儿园经费和时间上的支持，是保证教师在职学习和发展的重要条件。当然，也要通过制度和各种形式的教育和宣传，让教师愿意学习、乐于学习和坚持学习。

总之，了解和解决幼儿园教师的实际问题，关注、重视并有效促进幼儿园教师的专业化，一定能提升幼儿园教师队伍的整体水平，也能进一步提升幼儿园教育的质量。

第三节 《幼儿园教师专业标准(试行)》的定位与基本架构

《专业标准》是幼儿园教师的专业准绳和基本行为规范，是幼儿园教师专业发展的指南。《专业标准》在幼儿园教师的专业理念与师德、专业知识、专业能力三个维度作出了清晰、具体的规定和指引。作为专业的准入标准它首先是规范幼儿园教师的入职基准，规范幼儿园教师培养行为；作为专业行为规范它提出了合格幼儿园教师的专业化保教行为的基本要求；作为专业的发展标准它承载幼儿园教师的专业使命、表征幼儿园教师的专业形象、引领幼儿园教师的专业成长。

一、《专业标准》的性质分析

从各国制定教师专业标准的出发点看，其主要定位在两个方面即专业准入标准和专业发展标准。专业准入标准一般是教师专业化起步阶段的产物，也是教师教育行业组织、行业协会规范教师教育行为的需要。专业发展标准通常是促进教师专业化发展的要求，它主要起导向、引领作用，是秉承教师专业价值、塑造教师专业新形象、推动教师深度专业发展的重要指南。

《专业标准》的出台既要为有质量地普及学前三年教育提供坚实的教师队

伍支撑，规范幼儿园教师培养培训，严格幼儿园教师准入制度，又要与国际接轨建立幼儿园教师专业标准体系，长效提升幼儿园教师专业水平。

(一)作为体系的《专业标准》

我国幼儿园教师专业标准体系是由一系列标准和相关配套文件构成的。具体包括：《幼儿园教师专业标准(试行)》《幼儿园教师教育机构资质标准》《幼儿园教师教育课程标准》《幼儿园教师教育质量评估标准》《幼儿园教师资格考试标准》以及与上述标准实施操作中相配套的《学前教育专业规范》《学前教育专业培养方案》《幼儿园教师资格考试大纲》《幼儿园教师资格考试题库》等。这个标准体系从顶层设计到具体操作、从宏观把握到微观落实、从理念目标到结果监控，是一个完整的幼儿园教师专业化制度体系。这个制度体系既具有国际通约性、可比性，又具有中国特色，在当下幼儿园教师教育中有一定的适切性。《专业标准》是我国整个基础教育教师专业标准体系的组成部分(包括中学教师、小学教师、幼儿园教师)，它需要符合所有教师专业标准的基本准则，它们共同包括专业道德与价值、专业知识、专业能力三个基本维度。同时具有与中学和小学教师不同的独特性。

(二)《专业标准》的功能指向

从《专业标准》的功能指向来看，主要具有专业准入、专业规范和专业发展三个主要功能。

1. 专业准入功能

一般的专业标准都会对准入者的学历、专业知识与能力、语言水平提出明确的要求，如南非要求入职教师必须修满 480 个教育学学士学位学分，或在初级学位学分的基础上修满 120 个高级教育文凭学分，上述学分一般都包含 120 个实践能力学分；在语言方面要求精通一门官方语言。① 我国《专业标准》从上位规定了幼儿园教师的知识、能力要求，在其下位的《教师教育课程标准》明确规定幼儿园教师培养课程中的教师教育课程学分四年制本科不少于

① Department of Education. Norms and Standards for Educators. Pretoria: Government Publishing. 2000: 12.

64 个学分，五年制专科不少于 72 个学分，三年制专科不少于 60 个学分；所有培养类型的教育见习、实习周数不少于 18 周。①

2. 专业规范功能

《专业标准》从职业理解与认识、对幼儿的态度与行为、幼儿保育和教育的态度与行为、个人修养与行为四个领域规定了幼儿园教师的专业理念与师德；从幼儿发展知识、幼儿保育和教育知识、通识性知识三个领域规定了幼儿园教师的专业知识；从环境的创设与利用、一日生活的组织与保育、游戏活动的支持与引导、教育活动的计划与实施、激励与评价、沟通与合作、反思与发展七个领域规定了幼儿园教师的专业能力。颁布的《专业标准》从 14 个领域的 62 个基本点规定了幼儿园教师的专业素养。

3. 专业发展功能

《专业标准》倡导"能力为重、终身学习"，改变了幼儿园教师资格认证的起点认证，缺乏在职学习动力的现状；新资格认证体系在过程认证中激发幼儿园教师终身学习、注重能力提升的发展动力。这在《教师教育课程标准(试行)》的在职教师教育课程中提出了更明确的引导：在加深专业理解方面提出了如当代教育思潮、教师专业伦理、学科教育新进展、儿童研究新进展、学习科学新进展、各专业学科前沿等建议；在解决实际问题方面提出了如学科教学专题研究、特殊儿童教育、青少年发展问题研究、学校课程领导、校(园)本课程开发、综合实践活动设计与指导、档案袋评价、学生综合素质评定、教学诊断、课堂评价、课堂观察、学业成就评价、信息技术与课程的整合、校(园)本教学研究制度建设等建议；在提升自身经验方面提出了如教师专业发展专题研究、教育经验研究、反思性教学、教育行动研究、教育案例研究、教育叙事等建议②。教育部为促进教师终身学习、终身成长，建立了"教师教育课程优质资源遴选机制""教师教育网络联盟"，一些试点省份在上述基础上建立了各类教师继续教育课程超市，引入多种竞争机制实现教师继

① 中华人民共和国教育部. 教师教育课程标准(试行). 2011：11.

② 中华人民共和国教育部. 教师教育课程标准(试行). 2011：20.

续教育按需选课，方便学习，效果追踪等专业发展新模式。① 专业标准的发展功能使幼儿园教师专业发展进入自由自觉的生命状态。

二、《专业标准》的基本架构

《专业标准》规定了维度、领域、基本要求三个层次，在操作层面为课程标准、教师资格考试标准留有余地。《专业标准》在重视规定幼儿园合格教师的专业基本要求和教师开展教育教学工作的基本规范前提下，也重视对幼儿园教师专业发展性引领，因而也是指引幼儿园教师深度专业发展的基本准则。

《专业标准》框架由基本理念、基本内容与实施建议三大部分构成。基本理念提出教师要师德为先、幼儿为本、能力为重、终身学习。基本内容由维度、领域和基本要求组成，分别对幼儿园、小学、中学教师的专业理念与师德、专业知识和专业能力提出 60 余条具体要求。实施建议分别对教育行政部门、教师教育机构、幼儿园和中小学及教师提出了相关要求。本《专业标准》由 3 个维度、14 个领域、62 项基本要求构成，体现了所有教师的共性与幼儿园教师的独特性。

(一)《专业标准》的基本维度

维度一：专业理念与师德。规范教师对工作职责、对幼儿、对自身专业发展和沟通交流应具有的职业道德伦理、价值、态度等。幼儿园教师的职业道德水平和价值取向直接关系到幼儿的健康成长。幼儿园教师专业道德与价值的内容除反映我国传统的优秀师德传统以外，还要反映我国改革开放新时期社会、经济、教育发展对教师道德素质的新要求，同时还要体现《联合国儿童权利公约》《全民教育行动框架》等提出的关于尊重儿童权利、以儿童为中心、关爱儿童、平等对待儿童、性别平等、鼓励儿童参与、关注个性发展、保障儿童安全健康等理念和准则；树立终身学习和持续专业发展的理念并具有相应的行为；并乐于与同事、家长、社区沟通合作等。

---

① 秦金亮主编. 走进全实践——反思性幼儿教育实践者的成长之路[M]. 北京：新时代出版社，2007：3-15.

维度二：专业知识。系统而扎实的专业知识是幼儿园教师成为“专业工作者”的基础，是使教师专业实践得以有效实现的条件。幼儿园教师除了需要具备符合教师职业特点的人文与科学素养、信息素养等一系列基本知识素养和达到普通话水平外，首先要具备关于幼儿发展的知识，例如，幼儿身心发展规律与特点及与儿童相关的法律、法规等，以使得教学能够更好地适合幼儿的特点，支持幼儿的学习；理解并掌握领域教育与课程的知识，例如，领域教育的内容、知识结构、与日常生活实践的联系以及《幼儿园教育指导纲要(试行)》的知识；此外，还需掌握幼儿游戏、学习与教育活动的知识，理解幼儿游戏、学习发生的过程以及熟悉教育目标、教学规律、教学策略等知识。

维度三：专业能力。专业能力是把专业知识变为有效教育行为并引导幼儿游戏、学习，产生教育效果的能力，它反映教师在教育实践过程中应用专业知识形成达到教育目标必备的综合表现。专业能力包括创设教育环境促进幼儿身心健康发展的能力，根据教育教学目标组织一日生活，计划、实施教育活动，对游戏活动的支持与引导，激励幼儿与评价幼儿，善于与幼儿、同事、家长、社区沟通，对幼儿即时反馈并改进教育策略的能力，发挥每个幼儿潜能、发展每个幼儿个性的能力，反思教学实践、与同事/同行互相学习共同成长的能力等。

(二)《专业标准》的三层级标准结构

教师标准的结构包括维度、领域、基本要求三个层次。

第一，维度。即专业理念与师德、专业知识、专业能力三大维度。

第二，领域。针对专业理念与师德、专业知识、专业能力三个大的维度划分为 14 个不同领域。14 个领域分别是：职业理解与认识、对幼儿的态度与行为、幼儿保育和教育的态度与行为、个人修养与行为；幼儿发展知识、幼儿保育和教育知识、通识性知识；环境的创设与利用、一日生活的组织与保育、游戏活动的支持与引导、教育活动的计划与实施、激励与评价、沟通与合作、反思与发展。

第三，基本要求。在每个领域下提出基本要求。在“职业理解与认识”领域提出 5 条基本要求；在“对幼儿的态度与行为”领域提出 4 条基本要求；在

“幼儿保育和教育的态度与行为”领域提出 6 条基本要求；在“个人修养与行为”领域提出 5 条基本要求；在“幼儿发展知识”领域提出 5 条基本标准；在“幼儿保育和教育知识”领域提出 6 条基本要求；在“通识性知识”方面提出 4 条要求；在“环境的创设与利用”领域提出 4 条基本要求；在“一日生活的组织与保育”领域提出 4 条基本要求；在“游戏活动的支持与引导”领域提出 4 条基本要求；在“教育活动的计划与实施”领域提出 4 条基本要求；在“激励与评价”领域提出 3 条基本要求；在“沟通与合作”领域提出 5 条要求；在“反思与发展”领域提出 3 条基本要求；中学、小学、幼儿园三个专业标准在教师专业的三个基本维度完全相同；在基本领域层面大同小异如专业理念与师德维度的 4 个领域基本相同，专业知识维度的通识知识领域是相同的，专业能力维度的沟通与合作领域、反思与发展领域是相同的；在基本要求方面反映各自的专业特色。上述体现了我国教师专业标准顶层规划的高远性、前瞻性、统整性。

三、《专业标准》三维度的领域特征

《专业标准》的专业理念与师德、专业知识和专业能力三个维度所划分的 14 个领域，从最主要的方面反映了不同维度的基本特征和核心价值。

(一)“专业理念与师德”维度

《专业标准》从职业理解与认识、对幼儿的态度与行为、幼儿保育和教育的态度与行为、个人修养与行为四个领域对幼儿园教师的专业理念与师德提出具体要求。以下四个方面体现出鲜明的时代精神和幼儿园教师教育特点。

第一，强调幼儿园教师专业的独特性，要求幼儿园教师理解并坚守自身专业发展，认识到专业发展的重要性、紧迫性，幼儿园教师要理解时代发展和学前教育进步对教师专业发展的诉求，最终体会到专业发展的责任感、使命感。

第二，以幼儿发展为基点，树立正确对待幼儿的态度与行为。幼儿也称为学龄前儿童、早期儿童，在我国指 0～6 岁的儿童，在英美国家指 0～8 岁儿童。幼儿是人生的起点，教育的开端，人类的启蒙。关注幼儿的生命生长、身体发育、认知发展、情感培育、人格建构、道德养成等发展的基本目标，就是关注人类未来、人类本身最好的方式，也是实现人类发展的重要方式之一。幼儿园教师对幼儿最基本的态度与行为应是：关爱幼儿，将保护幼儿生命放在首位；尊重幼儿人格，维护幼儿合法权益，平等对待每一个幼儿；信任幼儿，尊重个体差异，主动了解和满足其不同需求；重视健康成长，让幼儿拥有快乐的幼儿园生活。

第三，突出学前教育的特殊性，学前教育需要保教结合。幼儿园生活是幼儿园教师和幼儿共同拥有的，以幼儿快乐生活、健康成长为着眼点，需要有效地转变儿童观、教育观、师幼观、教师观；培养幼儿良好的意志品质，帮助幼儿形成良好的行为习惯；注重保护幼儿的好奇心，培养幼儿的想象力，发掘幼儿的兴趣、爱好；重视环境和游戏对幼儿发展的独特作用，创设富有教育意义的环境氛围，将游戏作为幼儿的主要活动；重视丰富幼儿多方面的直接经验，将探索、交往等实践活动作为幼儿最重要的学习方式；重视自身日常态度言行对幼儿发展的重要作用。

第四，要求幼儿园教师要注重修身养性。《专业标准》提出幼儿园教师个人修养和行为方面的诸多要求。这些要求更多反映出教师作为平凡的人，哪些心性、品质、行为是适当的；其次才将幼儿园教师作为“教育者”特有的心性、品质和行为要求融入进来。

(二)“专业知识”维度

《专业标准》从幼儿发展知识、幼儿保育和教育知识、通识性知识三个领域对幼儿园教师的专业知识提出具体要求，体现出鲜明的时代精神和学前教育发展特点。

第一，要求幼儿园教师了解和掌握幼儿发展的知识。目的在于保护幼儿的身心健康、保障其合法权益、促进其健康成长。幼儿园教师只了解幼儿身心发展特点、发展水平、发展优势、学习特点等是不够的，还需要加强政策和法律层面的学习，了解儿童生存、发展和保护的有关法律法规及政策规定，了解儿童安全防护的知识、掌握针对幼儿可能出现的各种侵犯和伤害行为的预防与应对方法。幼儿园教师还要特别了解特殊幼儿身心发展的特点与规律，为真正个别化教育、全纳教育的开展奠定知识基础。

第二，要求幼儿园教师具有教育知识及相应的学科知识。幼儿园教师的教育知识非常独特，幼儿园教师需要熟悉幼儿园教育的目标、任务、内容、要求和基本原则，掌握幼儿园环境创设、一日生活安排、游戏与教育活动、保育和班级管理的知识与方法，熟知幼儿园的安全应急预案，掌握意外事故和危险情况下幼儿安全防护与救助的基本方法，掌握观察、谈话、记录等了解幼儿的基本知识，了解0～3岁婴幼儿保教和幼小衔接的有关知识等。幼儿教育的综合性特点要求幼儿园教师了解多学科的知识，在此基础上掌握健康、语言、艺术、科学、社会方面的知识。

第三，关注通识性知识的重要价值。通识性教育要求所关注的是幼儿园教师作为人的整体素质的提升，它是非功利的、非专业化的知识，是幼儿园教师作为专业人员必须具备的基本素质。

(三)"专业能力"维度

《专业标准》从环境的创设与利用、一日生活的组织与保育、游戏活动的支持与引导、教育活动的计划与实施、激励与评价、沟通与合作、反思与发展七个领域对幼儿园教师的专业能力提出具体要求。

第一，注重幼儿园教育环境的创设与利用。幼儿园教育注重的是创设环境的隐性教育，幼儿园教育环境包括室内、室外、区角的物质环境，也包括以同伴、师幼、邻里社区为核心的社会环境，还包括反映价值导向、生活方式的文化环境。建立良好的师幼关系，帮助幼儿建立良好的同伴关系，让幼儿感到温暖和愉悦；建立班级秩序与规则，营造良好的班级氛围，让幼儿感受到安全、舒适；创设有助于促进幼儿成长、学习、游戏的教育环境；合理利用资源，为幼儿提供和制作适合的玩教具和学习材料，引发和支持幼儿的主动活动等都是环境创设与利用的关键。

第二，以一日生活的组织能力为基础。一日生活是幼儿园保教工作的基石，幼儿园一日生活的组织实施能力是幼儿园教师的基本能力。合理安排和组织一日生活的各个环节，将教育灵活地渗透到一日生活中；科学照料幼儿日常生活，指导和协助保育员做好班级常规保育和卫生工作；在一日生活中充分利用各种教育契机，对幼儿进行随机教育；在平常一日中有效保护幼儿，及时处理幼儿的常见事故，危险情况优先救护幼儿等都是一日生活组织能力的基本要点。

第三，以游戏活动为主导。对游戏活动的支持与引导是幼儿园教师重要的专业能力。提供符合幼儿兴趣需要、年龄特点和发展目标的游戏条件；充分利用与合理设计游戏活动空间，提供丰富、适宜的游戏材料，支持、引发和促进幼儿的游戏；鼓励幼儿自主选择游戏内容、伙伴和材料，支持幼儿主动地、创造性地开展游戏，充分体验游戏的快乐和满足；引导幼儿在游戏活动中获得身体、认知、语言和社会性等多方面的发展等是支持与引导幼儿游戏活动的关键。

第四，以教育活动的计划与实施为主责。幼儿园教育活动的计划、组织、实施是幼儿园教育的中心，活动的计划、组织、实施能力是幼儿园教师的核心能力。制订阶段性的教育活动计划和具体活动方案；在教育活动中观察幼儿，根据幼儿的表现和需要，调整活动，给予适宜的指导；在教育活动的设计和实施中体现趣味性、综合性和生活化，灵活运用各种组织形式和适宜的教育方式；提供更多的操作探索、交流合作、表达表现的机会，支持和促进幼儿主动学习等能力对幼儿园教育活动非常重要。

第五，提升激励与评价能力。关注幼儿发展，重视幼儿发展评估是发达国家幼儿教育的突出特点。幼儿园教师不仅自己懂得评价幼儿发展，还要带动家长及其他教育者学会评估幼儿发展。关注幼儿日常表现，及时发现和赏识每个幼儿的点滴进步，注重激发和保护幼儿的积极性、自信心；有效运用观察、谈话、家园联系、作品分析等多种方法，客观地、全面地了解和评价幼儿；有效运用评价结果，指导下一步教育活动的开展等方面是提升激励评价能力的重要方面。

第六，强调幼儿园教师的沟通与合作能力。基于幼儿园教师工作依托于多角色人际互动这一工作特点，《专业标准》对幼儿园教师如何有效进行人际沟通与合作提出了具体要求。例如，使用符合幼儿年龄特点的语言进行保教工作；善于倾听，和蔼可亲，与幼儿进行有效沟通；与同事合作交流，分享经验和资源，共同发展；与家长进行有效沟通合作，共同促进幼儿发展；协助幼儿园与社区建立合作互助的良好关系等。

第七，重视培养幼儿园教师的反思与发展能力。这一能力领域的提出，是对全球教师专业化发展背景下的教师专业发展内在要求的回应。教师专业化的本质就是发现教师自身，让教师意识到自身在专业成长中的力量和自主发展的角色，进而在各项专业发展活动中积极地自我反思，有意识地规划专业发展，主动地提升专业能力。

四、《专业标准》的发展与完善

《专业标准》及其下位和相关的一系列标准是一个不断研制和逐渐建构的过程，《专业标准》本身也需要在实施过程中不断完善和发展。

（一）《专业标准》体系的推进

《专业标准》体系的推进涉及教师资格及其专业发展、教师教育机构认证与评估、教师教育体系与课程等各个方面。

1. 创新幼儿园教师专业发展理念

幼儿园教师专业发展是一项动态的、持续性的、终身发展的事业，幼儿园教师专业发展事业永无止境。《专业标准》体系是一项复杂的系统工程，它对幼儿园教师培养中发挥着重要作用，不仅是提高幼儿园教师教育质量、培养造就高素质专业化幼儿园教师的工作指南，也是促进在职教师坚持育人为本、终身学习、专业持续的根本保障。

2. 大力推进以专业发展为核心的幼儿园教师教育课程改革

以幼儿园教师专业标准为指导，构建体现先进教育思想、开放兼容的幼儿园教师教育课程体系，制定有针对性的幼儿园教师教育课程方案，保证新入职幼儿园教师适应幼儿园教育改革的需要。改革课程教学内容，精选对培养优秀教师有重要价值的课程内容，将学科前沿知识、教育改革和教育研究最新成果充实到教学内容中，特别是及时吸收儿童研究、学习科学、心理科学、信息技术的新成果。要将优秀幼儿园教育活动案例作为教师教育课程的重要内容。加强信息技术课程建设，提升幼师生信息素养和利用信息技术促进教学的能力。开发优质幼儿园教师教育课程资源。实施“教师教育国家精品课程建设计划”，通过科研立项、遴选评优和海外引进等途径，构建丰富多彩、高质量的幼儿园教师教育国家精品课程资源库，大力推广和使用“国家精品课程”，共享优质课程资源。强化教育实践环节。加强幼师生职业基本技能训练，加强教育见习，提供更多观摩名师讲课的机会，幼师生到幼儿园教育见习实习不少于18周。建立一批幼儿园教师教育改革创新试验区，建设长期稳定的幼儿园教育实习基地。

3. 建立过程认证的幼儿园教师资格制度

我国幼儿园教师资格最早采取的是学历起点认证和资格考试起点认证。新幼儿园教师资格认证，其资格考试题库、大纲的建立以《幼儿园教师专业标准(试行)》《幼儿园教师教育课程标准》的基本要求来编制，我国幼儿园教师资格认证从此不再以学历为依据，而是以资格考试所反映的幼儿园教师专业标准、幼儿园教师教育课程、质量标准为准绳。新幼儿园教师资格认证制度的另一项重要改革是由一次性、起点认证，走向多次认证、过程认证。

4. 建立幼儿园教师教育机构资质认证与质量评估体系

建立幼儿园教师教育机构资质认证机制，是实现培养、培训开放体系的关键，通过资质认证的课程开放、质量评鉴、公平竞争、有偿服务，建立新的幼儿园教师教育竞争机制。开展幼儿园教师教育专业评估，确保教师培养质量，将幼儿园教师培养质量情况作为衡量有关高校办学水平的重要指标，将幼师生培养情况纳入高等学校教学基本状态数据年度统计和公布制度。

5. 继续加强幼儿园教师培养、培训体系改革

我国幼儿园教师培养体系由原来封闭的师范教育体系走向开放，出现了多元化的格局，但整体以职业高中幼师班、高职高专培养为主，整体培养水平较低，培养院校多而散，很少能形成培养规模与培养优势。国家与地方政府将加强幼儿园教师教育基地建设，加大经费投入力度，加快幼儿园教师教育课程改革力度，建立高校与幼儿园合作培养幼儿园教师的新模式，形成高水平的幼儿园教师培养体系。创新培训模式，尝试自主选课、课程超市、数字资源、学分支付等新型培训模式，建立幼儿园教师发展学校，推进职前、职后一体化。

(二)《专业标准》的不尽追求

从个体看，幼儿园教师专业发展是一个永无止境的过程，是幼儿园教师专业不尽追求的自我实现过程。幼儿园教师自我实现不是一种结局状态，而是在任何时刻在任何程度上实现专业潜能的一个过程。这意味着成为一个真正自我实现意义的教师，往往需要经历勤奋、付出精力的准备阶段。自我实现可以是活动设计、钢琴键盘上的手指练习、给家长温馨的提醒，也可以是去努力做好自己想要做的任何专业事项，并竭尽自己所能，使自己成为自身追求的人；也是倾听自己生命内在冲动的呼唤，让自己的天性、潜能充分地显现出来的过程。幼儿园教师专业养成需要内在价值追求，是一个永不满足、不断追求的过程，也是不断获得存在感，产生高峰体验的过程。这是一个迸发生命活力、激发个人潜能、展现精神自由、张扬个性特色的过程。幼儿园教师生命价值追求永无止境。

从群体看，幼儿园教师专业发展是一个群体认同、群体自觉、群体自律、群体价值追求的过程。这是一个群体性自我意识生成、发展、升华的过程。幼儿园教师群体需要不断地提升自己的专业敏感度，不断地寻求新的专业参照群体如中小学教师、大学教师、医生、律师、工程师等，关照自身专业群体的发展问题；幼儿园教师群体需要不断地提升自身的专业认知水平，敏锐地洞见专业问题，提升专业问题解决能力；幼儿园教师群体需要不断地锻炼自身的专业品性，形成幼儿园教师自身的“众数人格”，以良好的专业态度影响幼儿、家长，以良好的专业形象感染着社会，以平凡的行为滋润着民众，以崇高的德性引领着时代；幼儿园教师群体需要不断地砥砺群体的自我意识水平，反思着自身的感性、理性与知性，反观着专业群体的过去、现在与未来，自觉着全球文化、民族文化与专业文化……追求着群体专业价值的永无止境。

从国家看，幼儿园教师队伍建设、幼儿园教师专业发展是一个学前教育不断追求新发展、实现新跨越的必然要求。提升学前教育质量始终与幼儿园教师教育质量紧密相连。幼儿园教师专业发展永无止境。

从全球看，国际全民教育的浪潮一浪高过一浪，学前教育是全民教育的基石与起点，“今日的学前教育投入，就是为明日的国家积累财富”。幼儿园教师教育就是在为国家未来积累持续的财富，幼儿园教师专业发展永无止境。

第四节 《幼儿园教师专业标准(试行)》的基本特点

《专业标准》的基本内容构架包含了专业理念与师德、专业知识和专业能力 3 个维度、14 个领域，框架结构与中、小学教师专业标准基本一致，但在具体内容上有所不同。尤其在专业能力方面，充分体现了幼儿园教育的突出特点和保教工作的基本任务，特别强调了幼儿园教师所必须具备的良好环境的创设与利用、幼儿一日生活的合理组织与保育、游戏活动的支持与引导、教育活动的恰当计划与实施能力等。

在基本要求层面，更是充分反映了幼儿园教师必须具备的专业态度、知识与能力。例如，特别强调了幼儿园教师要将幼儿的生命安全和身心健康放在首位并要具有相应的专业知识和能力；要掌握和尊重幼儿身心发展的年龄特点和个体特点，重视生活对幼儿健康成长的重要价值，重视环境和游戏对幼儿发展的独特作用，掌握幼儿园环境创设、一日生活安排、游戏与教育活动、班级管理的知识与方法等。

《专业标准》具有以下五个突出特点。

1. 对幼儿园教师的师德与专业态度提出了特别要求

师德与专业态度是教师职业的基准线。尤其幼儿园教师的教育对象是身心发展迅速、可塑性大、同时易受伤害的幼儿，更需要师德高尚，具有良好的职业道德修养，富有爱心、责任心、耐心和细心，热爱幼儿，并给予幼儿精心的呵护和教育培养。

2. 要求幼儿园教师高度重视幼儿的生命与健康

充分考虑幼儿发展的身心特点和社会对幼儿安全与健康的热切关注，《专业标准》明确提出要高度重视幼儿的生命与健康，并从专业态度、知识和能力三个层面相互呼应，全面提出了具体要求。如教师要将保护幼儿生命安全放在首位；熟知幼儿园的安全应急预案，掌握意外事故和危险情况下幼儿安全防护与救助的基本方法；能有效保护幼儿，危险情况下优先救护幼儿。

3. 充分体现幼儿园保教结合的基本特点

幼儿身心发展的特点和需要决定了保教结合是幼儿园教育的基本原则，也是对幼儿园教师的基本专业要求。《专业标准》明确提出要“注重保教结合”，不仅将“一日生活的组织与保育”作为重要的专项领域要求，而且对教师提出了多项具体要求，要能合理安排和组织一日生活的各个环节，科学照料幼儿的日常生活，将教育灵活地渗透到一日生活中；能充分利用一日生活中的各种教育契机，对幼儿进行随机教育，以将保教结合原则落到实处。

4. 强调幼儿园教师必须具备的教育教学实践能力

教育实践能力是教师对幼儿施以积极影响、引导幼儿发展的基础。《专业标准》对幼儿园教师必须具备的教育教学能力提出了明确要求，特别强调幼儿园教师要具有观察了解幼儿、掌握不同年龄幼儿身心发展特点和个体差异的能力；要具有环境的创设与利用、一日生活的组织与保育、游戏的支持与引导、教育活动的计划与实施、对儿童的激励与评价等基本专业能力；能根据幼儿的特点和需要，给予适宜的指导，并能引发和支持幼儿的主动活动，引导幼儿在游戏活动中获得多方面的发展。

5. 重视幼儿园教师的反思与自主专业发展能力

《专业标准》强调幼儿园教师要具有不断进行专业化学习、实践、反思和提高的意识与能力。这既是现代社会发展、教育改革对教师的必然要求，也是幼儿不断成长的必然要求。《专业标准》特别在“基本理念”和“专业能力”中均提出了对教师反思与自主发展的要求，明确指出幼儿园教师在教育工作中应“主动收集分析相关信息，并不断进行反思，改进保教工作”；同时，应制定个人专业发展规划，通过不断的学习、实践、反思，不断提高自身专业素质，从而为学前教育质量的提升和幼儿一生的健康发展打下良好的基础。

第二章　幼儿园教师应秉持的基本理念

【导读】《专业标准》的基本理念既是整个《专业标准》一以贯之的具有导向性和统管性的基本思想，是国家对合格幼儿园教师专业发展方向的宏观性指引，也是幼儿园教师自身专业构建所必备的观念性基石。本章将围绕新时期幼儿园教师所应秉持的“师德为先”“幼儿为本”“能力为重”“终身学习”等涉及教育价值观、儿童观、教师观、教学观的基本理念进行论述，以帮助教师进一步理解并践行《专业标准》的基本理念。

理念可简释为理想、信念，是左右我们态度、行为的一种无形而强大的观念力量。如贺麟先生所说：“观念在人的精神生活上所占的地位，就好像光在人的实际生活和行为上所占的地位一样。没有光，整个世界黑暗了。没有观念，整个人生盲目了。”作为担负着培养幼儿这一特殊工作的幼儿园教师，作为身处价值观日益多元化的社会中的教育工作者，不可以没有正确理念的指引。随着我国社会“以人为本”的科学发展观日益深入人心，我国基础教育的观念与实践与时俱进地发生着重大而深刻的变化，幼儿教育正在向着更加人本化、专业化、规范化的方向发展，幼儿园教师的基本理念也随之不断地丰富与更新。

第一节　师德为先

师德是幼儿园教师最基本、最重要的职业准则和规范。每一位教师都必须秉持“师德为先”的理念，按《专业标准》的要求，“热爱学前教育事业，具有职业理想，践行社会主义核心价值体系，履行教师职业道德规范，依法执教。关爱幼儿，尊重幼儿人格，富有爱心、责任心、耐心和细心；为人师表，教书育人，自尊自律，做幼儿健康成长的启蒙者和引路人。”

一、师德是幼儿园教师最基本、最重要的职业准则和规范

师德，即教师的职业道德，是教师在教育教学工作中必须遵循的各种行为准则和道德规范的总和。师德为先，即教师在开展教育教学活动、履行教书育人职责的过程中，必须将师德放在首位，幼儿园教师也不例外。师德是幼儿园教师最基本、最重要的职业准则和规范。

幼儿园教师职业的对象是学龄前儿童，是处于身体、智力、情感和社会性发展的关键时期的幼儿。该时期的幼儿其个体身心发展具有多重矛盾性和特殊性，这决定了幼儿教师职业是一个非常复杂、对教师素质要求很高的职业。在众多的教师素质中，师德无疑是最为重要的素质，具有引领性作用。只有具备了高尚的师德，把师德放在首位，才能在面对复杂的幼儿教育活动时，充分履行教师的职责。

处于发展关键期的幼儿可塑性大，模仿性强，他们总是把教师作为自己亲近与模仿的对象。因此，教师的一言一行、一举一动都会对幼儿产生潜移默化的作用。在某种程度上，甚至可以说幼儿教师的道德水平决定着幼儿的道德水平。这就要求幼儿园教师一定要做到严于律己、以身作则，为幼儿提供一个可以信任、言行一致的楷模，时时处处给幼儿以正面的影响，发挥榜样示范作用，潜移默化，以德育人。

二、热爱学前教育事业，具有职业理想、践行社会主义核心价值体系，履行教师职业道德规范，是师德的核心

1993年颁布的《中华人民共和国教师法》(以下简称《教师法》)第三条规定:“教师是履行教育教学职责的专业人员，承担教书育人，培养社会主义事业建设者和接班人、提高民族素质的使命，教师应当忠诚人民的教育事业。”没有对教师责任的正确认识做不好教育工作，没有对幼儿、对事业的积极情感也做不好教育工作。幼儿园教师应热爱学前教育事业，始终牢记自己的神圣职责，把自身的成长、个人的进步同社会主义事业和祖国的繁荣富强紧密联系在一起，这是落实师德为先理念的前提。

幼儿园教师的职业理想是幼儿园教师职业道德的重要组成部分。有了崇高的职业理想才能产生模范地遵守职业道德的行为。教师职业被称作“阳光下最光辉的职业”，幼儿园教师通过自己的劳动，促进幼儿健康、快乐地成长，同时为国家、社会的发展做好最基础的工作。幼儿园教师的劳动虽然复杂艰苦，但把幼儿园教师职业作为自己的理想，不但非常光荣，而且也是实现自身价值、追求幸福人生的重要途径。

师德是社会主义核心价值体系在教育活动中的具体体现，社会主义核心价值体系对师德具有引领和指导作用。《专业标准》将践行社会主义核心价值体系作为师德的重要内容，要求幼儿园教师认真学习社会主义核心价值体系，并将其落实在自己的教育教学过程实践中，以社会主义核心价值体系作为检验自身师德水平的重要标准。

履行教师职业道德规范，依法执教是幼儿园教师在教育实践中应有的行为规范。幼儿园教师应当了解和熟悉相关的法律、法规，并自觉地将自己的教育行为纳入法制的轨道。

三、关爱幼儿，尊重幼儿人格，富有爱心、责任心、耐心和细心是幼儿园教师师德的重要内容

《专业标准》要求幼儿园教师关爱幼儿，尊重幼儿人格，富有爱心、责任

心、耐心和细心，这是幼儿园教师师德的重要内容，也是师德为先理念对幼儿园教师的具体要求。

关爱幼儿，尊重幼儿人格——师爱是师德的魂，没有爱，就没有真正的教育。教育爱决不仅是对幼儿身体的呵护，更是需要幼儿园教师尊重每一个幼儿的人格，保障他们在幼儿园里快乐而有尊严地生活。对幼儿的热爱，是推动幼儿教师无私地、鞠躬尽瘁地为幼儿服务，并能有所作为的内在精神动力，也是一种具体的强大的教育力量，它能为幼儿创造安全、信任、和谐的教育气氛，能感化、温暖幼儿，促进幼儿身心健康地成长。

要做到关爱幼儿、尊重幼儿的人格，就必须了解幼儿，了解是关爱与尊重的基础。幼儿园教师要充分认识并尊重幼儿阶段的特性和价值，充分理解并尊重幼儿的认知特点、学习方式，尊重幼儿的个体差异，在此基础上，坚持“保教结合”的原则，把教育寓于幼儿的生活和游戏中，创设适宜的教育环境，关爱每一个幼儿并促进其富有个性地发展。

富有爱心、责任心、耐心和细心——富有爱心是幼儿园教师的核心品质。幼儿园教师只有富有爱心，才能做到关爱幼儿，尊重幼儿人格。有了爱心，就有了对幼儿教育事业的满腔热情，就会对幼儿倾注自己全部的感情，积极地促进幼儿的发展。没有爱心的教师不是一名合格的幼儿园教师。责任心是幼儿园教师的基本要求。责任心来自于教师对幼儿教育意义的正确认识与使命感，来自于对每一个幼儿个体生命价值的尊重和对生命的敬畏。缺乏对幼儿的责任心、对工作的责任心，不仅仅是一个职业道德的问题，也可以说是对鲜活生命的麻木和漠视。耐心和细心是幼儿园教师做好保教工作的重要保证。由于幼儿独立生活和学习的能力较差，幼儿教师几乎要对他们生活、学习中的每一件事都给予关心和帮助。幼儿在园、所的每一分钟，从吃、喝、拉、撒、睡，到游戏、运动、活动等，都需要幼儿教师的关心、帮助和引导，幼儿教师工作的细致、具体、琐碎等特点决定了幼儿教师必须具有耐心和细心的良好素质。正是幼儿园教师对幼儿充满爱心的、负责任的、耐心和细心的呵护，才使幼儿教育能够满足幼儿个体生命成长的需要，体现出幼儿教育对个体生命的意义与价值。

四、为人师表，教书育人，自尊自律，做幼儿健康成长的启蒙者和引路人

为人师表，教书育人，这是《专业标准》对幼儿园教师的角色定位。

为人师表是教师职业的内在要求。幼儿园教师的工作对象是3～6岁的儿童，这一年龄阶段的儿童好奇心强，好模仿，易受教师的感染影响，对教师无限信任和尊重。这就要求幼儿园教师要高度地注意自己一言一行的示范性、感染性，以美好的、正面的、阳光的形象向幼儿展示世界的真、善、美，为幼儿树立起较为完美的教师形象。教书育人是幼儿园教师的天职。幼儿园教师职业劳动具有双重性，一方面幼儿园教师承担着保育的任务；另一方面，还承担着教育幼儿成人的任务。因此，遵循《专业标准》的要求，每一位幼儿园教师都应当增强为人师表、教书育人的责任感和使命感，在关爱与尊重幼儿，促进幼儿全面、健康发展的过程中，自尊自律，名副其实地承担起幼儿健康成长的启蒙者和引路人的职责。

第二节　幼儿为本

“幼儿为本”是“以人为本”的科学发展观在幼儿教育上的具体体现，是幼儿教育本质的重要内涵，也是幼儿园教师应秉持的核心理念。《规划纲要》提出：“把促进学生健康成长作为学校一切工作的出发点和落脚点。”对幼儿教育而言，把促进幼儿健康成长作为一切工作的出发点和落脚点即是“幼儿为本”的基本含义。为避免与其他章节重复，下面拟从“幼儿为本”理念的理解、“幼儿为本”理念的教育行为准则两方面作简要阐述。

一、“幼儿为本”理念的理解

理解“幼儿为本”的理念是理解和把握《专业标准》的精神实质的前提，也是把握“幼儿为本”的行为准则并落实到实践行为之中的基础。

(一)“幼儿为本”的概念

《专业标准》倡导“幼儿为本”的理念。“幼儿为本”即“幼儿本位”之意。“本”可解释为：基础、主体、根本、本原、本质、出发点、目的等。故“幼儿为本”可具有多层含义：例如，幼儿的存在是幼儿教育的第一要素，是幼儿教育最基本的构成；再如，幼儿是幼儿教育的主体和核心，必须尊重幼儿的主体地位；幼儿教育的一切工作必须以促进每一个幼儿的全面发展为出发点和归宿，等等。总之，珍惜幼儿的生命，尊重幼儿的价值，满足幼儿的需要，维护幼儿的权利，促进每一个幼儿的全面发展等，乃是幼儿教育的本质、原点、最根本的价值所在，皆为“幼儿为本”的核心内涵。

“幼儿为本”一般是相对于“社会本位”或“成人本位”而言的。

在讨论幼儿教育价值时，“幼儿为本”作为一个表达教育价值观的概念，往往是“社会本位”的对立面。一直以来，幼儿园教育具有两大价值。一是促进社会发展的价值，即幼儿教育外在的工具价值。如促进民族的发展，传递和发展文化、科学，为经济建设培养人才等。二是促进幼儿身心和谐、全面地发展的价值，即幼儿教育的内在价值。幼儿教育的价值取向是侧重社会需求还是优先考虑幼儿的发展，社会和幼儿在教育中究竟孰轻孰重，教育目标是培养为社会服务的“人力”还是培养富有个性的“人”，都是热点的争议问题。众多的观点归结起来大致是两大派，即社会本位论和幼儿本位论。前者认为教育的目标应由社会的需要决定，幼儿教育的价值就是为社会服务；后者则认为应由幼儿的需要决定，幼儿教育是为幼儿自身的发展服务。二者由于立足点不同，在教育上就出现明显的分歧。应当看到，毫不考虑教育对象的极端的“社会为本”教育，不仅达不到教育的目的，甚至根本不能被称之为教育。“文化大革命”中出现的幼儿批《水浒》的荒唐实例就是明证；同样，完全脱离其所处社会的政治、经济、文化的影响，所谓遗世独立的“幼儿为本”教育也是不存在的。完全脱离社会的封闭式教育对幼儿个体的长远发展是不利的。实际上，完全不受任何社会影响的个体发展也是不存在的。从这个意义上，可以说，幼儿教育的“幼儿本位”和“社会本位”两大价值取向不一定是对立的，二者不是、也不应当是有你无我、有我无你的关系。事实上，两大价值的功能实现往往具有同时性和不可分割性。马克思主义关于人的全面发展学说指出，社会发展与人的自身发展是辩证统一的，教育价值取向可以在这种辩证统一的关系中找到最恰当的表达方式。正如《规划纲要》对我国教育价值取向所表述的那样："教育是民族振兴、社会进步的基石，是提高国民素质、促进人的全面发展的根本途径。""坚持以人为本，遵循教育规律，面向社会需求。"在这里，社会需要和人的发展需要是统合的，是融合在一起的，我国幼儿教育的价值观也是如此。今天我们倡导"幼儿为本"，绝不是反对幼儿教育为社会的需要服务，而是通过培养身心协调、全面发展的幼儿，在既体现幼儿教育的人本取向的同时，又体现幼儿教育自身的社会价值。

如果说，"幼儿本位"与"社会本位"主要是在比较宏观的层次上关注教育与社会的协调问题，对幼儿发展需求的体现还比较抽象，与幼儿教师的个人理念和行为似乎还有距离感的话，那在具体培养幼儿的幼儿园教育层次上，"幼儿本位"与"成人本位"的理念就会明显地反映在教师个人的教育认识与行为上。也就是说，在具体的幼儿教育层次上，是遵循幼儿教育的规律，遵循幼儿身心发展的规律科学地开展幼儿教育呢，还是完全凭借成人自己的想法来主宰幼儿教育，把成人的意志强加给幼儿；是把成人视为可以任意塑造幼儿的设计师、工程师呢，还是认为"儿童的灵魂不是一堆无生命的建筑材料。儿童的灵魂是一种生气勃勃的精神、激情、改变和创造的力量。他们需要的不是塑造，而是丰富、发展……"①，这反映出"幼儿为本"与"成人为本"两种不同理念在幼儿教育层次上的巨大反差和截然不同的理解。

由于当今中国社会转型，特别是市场经济浪潮的强大冲击力，正使幼儿教育价值观面临着前所未有的挑战，带着急功近利倾向的"成人为本"的威胁比过去任何时候都严重。在幼儿教育层次，来自各种社会思潮、传统观念的影响主要通过两个途径折射到幼儿园，一是家长；二是园长或教师。家长在送孩子到幼儿园时，自觉的或盲目的、有意的或无意的都有自己追求的目标，

① [苏]阿莫纳什维利．孩子们，祝你们一路平安！[M]．朱佩荣，译．北京：教育科学出版社，2002：9．

而这些目标比较容易受社会上流行的、时髦的、有近期效果的目标所左右，如培养神童、培养某种特殊技能、进入重点小学等。于是，家长作为一个对幼儿园最有影响的社会群体就可能成为“幼儿为本”教育实施的强大干扰力量，肆意支配和控制幼儿的发展方向。另一方面，在复杂的社会环境中生活的教师也经受着各种社会思潮的冲击并承受着来自社会、家长的压力。如果教师自身的教育价值观、教育水平、职业道德等不过硬的话，就很可能偏离甚至背离“幼儿为本”的教育理念，去迎合那些看来“受欢迎”的、能为幼儿园赢得眼前声誉或财源的现实目标，实施“成人为本”的幼儿教育。从这个意义上也可以看到，倡导“幼儿为本”的理念是多么刻不容缓！

(二)“幼儿为本”理念的确立是我国社会进步的产物

“幼儿为本”理念的提出在我国幼儿教育的发展史上是有深远意义的，这是社会进步的硕果。

在我国几千年的封建社会中，幼儿是没有作为独立的人的地位的。幼儿存在的价值和权利未被承认，被视为父母的隶属品。“父叫子亡子不得不亡”，封建的观念一直从根本上支配着我国的儿童观。在这种儿童观占统治地位的封建主义教育中，幼儿自身的特点和价值是完全被忽视的，更谈不上有独立的人格。

在新中国成立之后的历史时期中，儿童作为祖国的花朵受到了全社会的爱护。但是，在对幼儿独特性的理解上、在其作为独立的人的地位上、在保障其个体的合法权益上，伴随着社会的变化，也经历了一个比较漫长的发展过程。在当今时代，特别是改革开放30年来，我国社会发生了翻天覆地的变化，2003年党中央提出了“以人为本”，并将之作为科学发展观的核心和执政的重要理念，这是我国社会发展中具有里程碑意义的大事。这一社会进步的大背景决定了社会价值观的总格局，从而使我国基础教育进入了“为了每一位学生的发展”的新时代，“幼儿为本”也作为“以人为本”理念的具体化，与时俱进地成为我国幼儿教育的理念基石。在今天，全社会对幼儿的理解、尊重、保障都达到了以往所未能达及的高度。可以说，没有社会的进步就不会有幼教理念的本质性更新，就不会有“幼儿为本”的实质性落实。每一位幼儿园教师都应敏锐地意识到社会进步及其相随而至的观念变革，并以一种理性的自觉去面对，不断提升自己对教育、对幼儿的理解与认识。

二、“幼儿为本”理念的教育行为准则

《专业标准》中对“幼儿为本”理念的表述是：“尊重幼儿权益，以幼儿为主体，充分调动和发挥幼儿的主动性；遵循幼儿身心发展特点和保教活动规律，提供适合的教育，保障幼儿快乐健康成长。”可以说，这是该理念在幼教实践中的具体化，是幼儿园教师践行“幼儿为本”理念的行为准则。

(一)尊重幼儿作为“人”的尊严与权利

“幼儿为本”，其第一要义是尊重幼儿的权利。幼儿作为独立的“人”拥有自己的基本权利。1989 年 11 月 20 日联合国大会一致通过了《儿童权利公约》(以下简称《公约》)。《公约》强调儿童应该与成人平等共享相同的价值和权利，童年时光并不只是为进入成人生活接受训练和作准备的时期，而更是作为人享受独特的童年生活的时期。《公约》确立了儿童权利保护的四项基本指导原则，分别概括为儿童最大利益原则、尊重儿童意见的原则、确保儿童的生存与发展的原则和非歧视原则。《公约》中确定了儿童的四大权利：生存权、发展权、受保护权和参与权。遵循《公约》的精神，热爱幼儿，尊重幼儿人格，维护幼儿合法权益，理解、尊重并保障幼儿参与与自身有关的一切活动并发表自己意见的权利，让每一个幼儿愉快地、有尊严地度过童年生活，应当成为每一位幼儿园教师的坚定信念。

《指导纲要》指出：“幼儿园教育应尊重幼儿的人格和权利。”作为独立的“人”，幼儿具有人格尊严，他们不是成人的附庸，不是成人可以随心所欲地支配的道具，不是成人为实现自己的想法或需要而任意训练、拿捏的对象；幼儿有自己的精神世界，有自己的对周围世界、对他人、对自己的各种认识与理解，而不是一个只能接受成人灌输的空容器；幼儿有作为“人”的主体性，他们主动参与自己的生活与活动并自由地表达意见与思想，成人有义务、有责任认真地倾听、认真地看待，为幼儿创造更多的参与社会活动的机会，以关怀、接纳、平等的态度与他们“对话”，而不是只让他们“听话”。幼儿教师

应当认识到，在“幼儿为本”理念下进行的教育与“成人本位”教育最根本的区别在于：教育是帮助幼儿最终成长为成熟的、有责任感的、能正确地行使自己权利的合格社会公民，而不是把他们变成成人的奴隶或附属品。

还需要指出的是，保障幼儿的人格尊严与权利是无条件的，不受其出生地、阶层、民族、经济状况、宗教、长相、能力强弱、是否残疾等任何因素的影响。也就是说，无论幼儿是来自农村还是城市，无论他们是穷还是富、是聪明还是智力落后，都有权利享受同等的关爱、接受平等的教育，受到一视同仁的对待。但令人遗憾的是，尽管在全国各地的幼儿园里到处可见“为了一切幼儿”的大标语，但是在幼教现实中却仍然存在着各种各样的歧视。如有的幼儿仅仅因为是民工的子女、或者不那么聪明漂亮、或者个性不讨老师喜欢等，就受到冷落、忽视、甚至嘲讽、体罚，给他们的身心健康造成极大的伤害。有的幼儿园条件差、收费低，这也成为歧视、漠视甚至被粗暴对待幼儿的理由，似乎因为交钱少幼儿就不该被爱、被尊重、被保护。这些现象都说明，深入地、大张旗鼓地宣传“幼儿为本”的理念，让这些错误的认识和行为受到谴责。如蒙台梭利在《童年的秘密》中所指出的那样：“忽视和忘却儿童的权利，折磨和践踏儿童，无视儿童的价值、权利和本性，应该引起全人类最强烈的反对。”

(二)尊重幼儿期的独特性和价值

幼儿是不同于成人的存在，蒙台梭利曾经从生理学、心理学、社会学和教育学的角度为我们深刻地揭示了童年的秘密。幼儿的独特性表现在其生理、心理、行为方式、学习方式以及文化生活等各方面。“幼儿期是充满想象和创造并具有巨大发展潜能的时期，是以游戏为主要方式来探究、理解、体验周围世界，建构自己的经验、知识和同伴文化的时期”(《教师教育课程标准(试行)》)，是与其他生命阶段不同的一个不可替代的时期，是需要呵护和保卫的极有价值的时期。早在古希腊时代，柏拉图在《理想国》中论及游戏时就说：“儿童的游戏及竞技，凡是由他们自己所想出来的，不要去改变他们。”到今天，世界幼儿教育的主流仍然是沿着这一尊重儿童的方向发展。世界经济合作与发展组织(OECD)2001 年发刊的关于保教制度的调查报告书中旗帜鲜明地在全世界倡导:“幼儿时代,作为人生的一个阶段,是一个其本身就拥有极高价值的时代。对幼儿来说,自由的时间、独自的文化和游戏都是有决定性意义的重要东西。……幼儿能够基于自己的思考、自己的兴趣而生活,让幼儿始终保持那种意味的生活是保育者必须牢记在心的追求,保教机构的管理运营必须秉此进行。”

可以说,尊重幼儿的独特性,尊重幼儿生活的独特价值,是遵循“幼儿为本”理念的幼儿教育的重要特征,保卫幼儿期,保卫幼儿的生活,是践行“幼儿为本”理念的教师的行为准则。

(三)尊重幼儿的特点与保教规律

《指导纲要》明确指出:“尊重幼儿身心发展的规律和学习特点,以游戏为基本活动,保教并重,关注个别差异,促进每个幼儿富有个性地发展。”幼儿园教师必须理解幼儿的学习与发展规律是不以成人意志为转移的,应当怀着敬畏之心不断地去探索、发现并遵循这些规律,通过创设良好的教育环境,让幼儿能够在游戏中,在愉快的童年生活中健康成长。

游戏是幼儿最好的学习方式,在生活中学习是幼儿学习的重要特点。实施“幼儿为本”教育的一个重要标志就是必须尊重幼儿的游戏权利,坚定不移地把游戏作为教育的基本活动形式,为幼儿的游戏创造丰富的环境,通过游戏进行综合指导,帮助幼儿在游戏中快乐地学习和发展。

关注差异,尊重差异,尤其体现着教师对每一个幼儿学习权利的尊重,对每一个幼儿有尊严的生活权利的尊重,对幼儿发展多样性、独特性的尊重。尊重个性是“幼儿为本”教育的一个重要特征,最能表现出这是把幼儿作为“人”的教育。幼儿教师应改变那种心目中只有抽象的幼儿群体,而缺乏对幼儿的丰富性、独特性的认识与尊重的状况,摆脱大一统的陈旧教育模式,充分关注幼儿在经验、能力、兴趣、学习特点等方面的个体差异,主动了解和满足有益于幼儿身心发展的不同需求,为每一位幼儿提供发挥潜能和在原有水平上得到进一步发展的机会和条件,这是践行“幼儿为本”理念的重要环节。

(四)促进每一个幼儿生动、活泼、主动、全面地发展

使受教育者在德、智、体诸方面都得到发展是我国教育的根本目的,也是教育的根本原则。不能促进每一个幼儿实实在在地得到全面发展的幼儿教育，决不是“幼儿为本”的教育。《规划纲要》指出：“树立科学的质量观，把促进人的全面发展、适应社会需要作为衡量教育质量的根本标准。”幼儿教师应当建立这样的信念：每一个幼儿都有获得全面发展的潜力，帮助每一个幼儿实现全面发展是幼儿教师的神圣责任。基于这样的信念，才可能把“幼儿为本”真正落到实处。

“幼儿为本”的教育以公平性、整体性、协调性、个性化为特征。教育公平是社会公平的重要基础。教育公平的关键是机会公平，其基本要求是保障每一个幼儿享有平等的受教育权利。发展的整体性，即是说幼儿各方面的发展，如身体的、认知的、语言的、社会性的、情感的等方面的发展，尽管各有其规律和特点，但却不是彼此割裂的，各方面的发展相互联系、相互作用，共同构成幼儿个体的整体特征，共同决定这一整体特征的发展质量。发展的协调性不仅指德、智、体、美诸方面的发展均衡协调，不是仅某方面孤立突进或某方面偏废，还包括幼儿个体的发展需要与社会协调，个体的身体机能(身体各系统的发育、动作的发展等)、心理机能(认知、情感、性格、社会性、语言等)以及身心机能的交互作用等方面的协调。发展的个性化，则是教育除让每个幼儿达到基本标准的全面发展之外，还能让他们按其自身的特点和可能性去实现与众不同的发展，成为具有健康个性的人，而不是用一个绝对的、划一的标准去要求所有的幼儿。

三、“幼儿为本”理念认识的几个误区

当前，在对“幼儿为本”这一理念的认识上还存在着一些误区，主要表现为：提倡“幼儿为本”就等于不能对幼儿提出教育要求，满足幼儿的兴趣就是教育的终极目标，只考虑幼儿而不需要考虑其他因素等几种片面甚至是极端的看法。

(一)“幼儿为本”不能对幼儿提出教育要求

倡导“幼儿为本”不能将之绝对化。不能认为“幼儿为本”就是“幼儿万能”，似乎对幼儿不能管、不能教，即使合理的保护、教育也被误认为是“成人为

本"的表现而放弃；还有的教师认为不能提教育目标，似乎有教育目标就是"成人为本"，甚至一看到教育目标或活动目标的表述使用了"培养幼儿……""让幼儿……"的字句，也认为是"成人为本"，似乎必须以幼儿为主语的句子才表示"幼儿为本"。这些认识都是对"幼儿为本"的误解。

幼儿是独立的社会成员，是与成人平等的社会成员，这是"幼儿为本"的基本观点。但是必须看到，幼儿由于尚处在发育阶段，身心均不成熟，他们离不开成人的保护和照顾，不能独立生活，是一个"脆弱的群体"(《儿童权利公约·导言》)，是社会的教育和保护的对象。因此，幼儿的"独立"是就其人格而言的，而不是指其生存能力。"平等"是就幼儿与成人的社会地位的关系而言的，而不是说幼儿能担当与成人同样的社会责任和义务。幼儿作为社会一员具有特殊性，这一特殊性也决定了其权利的特殊性。幼儿权利的行使必须接受成人的保护、教育和指导，没有这一前提，不仅仅是"幼儿为本"无从谈起，恐怕幼儿连生存都会难以保证，更谈不上发展自己的能力，学会独立地行使权利了。因此"幼儿为本"与成人对其施以保护、教育甚至给予必要的约束性规范是完全不矛盾的。

"幼儿为本"的理念是表示教育以幼儿为出发点和落脚点，但这并不等于幼儿教育不需要或没有教育目标。教育目标是构成教育实践活动的第一要素和前提，没有目标的教育活动是不存在的。我国幼儿园的教育目标——"对幼儿实施体、智、德、美诸方面全面发展的教育，促进其身心和谐发展"(《工作规程》)，既是表达国家、社会对幼儿发展的要求，同时又是结合幼儿的年龄特征制定的，社会的要求和幼儿身心发展的规律是确定幼儿园教育目标的主要依据，体现了社会需要与幼儿发展可能性的科学结合，使幼儿教育有目的地培养幼儿适应社会的需要，同时健康、和谐地得到发展。

幼儿园课程或者活动目标是幼儿园教育目标的下位，更具体、更能够贴近幼儿的实际需要。没有目标的幼儿园课程或者活动也是不存在的。不能说有目标就不是"幼儿为本"，也不是看目标中"幼儿"是句子中的主语还是宾语，这只是目标表述方式的不同，与实际展开的教育活动遵循何种理念没有必然的联系。活动是否是"幼儿为本"的，关键要看活动目标是否从幼儿出发，适合幼儿的兴趣和发展需要，让幼儿发挥自主性，主动地投入活动；同时，在教育活动的展开中，教师开展活动的方式、教育行为、指导方法等是否符合幼儿的实际，按照幼儿身心发展的规律和学习特点进行，是否遵循幼儿教育的规律，有效地促进每一个幼儿发展，等等。

(二)“幼儿为本”的幼儿园教育就是满足幼儿的兴趣

幼儿园教育必须尊重幼儿的兴趣和需要，这是没有疑义的。但是，如果认为满足幼儿兴趣就是教育的终极目标，那就是片面的认识了。

首先，从教育的宏观角度来看，幼儿的兴趣、需要只是目标的来源之一，社会的要求也是目标的制约因素之一。如同教育的社会制约性是不以人的意志为转移的一样，教育目标要摆脱社会的制约也是不可能的。忽视目标中的任何一方都会破坏幼儿园教育目标的可行性、科学性。因此，不能说幼儿园教育只是为了满足幼儿的兴趣、需要。当然，仅仅强调社会要求是片面的，因为那样不仅让幼儿得不到发展，被强调的社会一方也不可能得到预期的满足。过去我们在这方面犯过很多错误，忽视幼儿身心发展的特征和规律，违反教育的科学规律，教训是深刻的。但是，这决不意味着教育可以完全不考虑社会的需求，仅仅追随儿童的兴趣和需要(而实际上，儿童的兴趣和需要也不是超社会的)。

其次，从教育的微观层面来看，在幼儿园课程的具体教育活动中，幼儿的兴趣和需要作为个体态度的重要成分，作为其学习的内部动机的重要成分，则是教育必须首先考虑的。当幼儿的需求和发展已经成为课程的中心指向时，这不仅因为幼儿的兴趣能有利于教育活动的有效进行(这是过去目标模式中重视兴趣的最主要的出发点)，更重要的是，这是对幼儿人格、权利的尊重，对幼儿主体性、个性的尊重。兴趣和需要的发展是幼儿自身发展的需要，是其现实发展的重要部分。可以说，忽视幼儿兴趣和需要的教育不是“幼儿为本”的教育，任何发展性教育都是建立在高度重视幼儿的兴趣、需要的基础上的。

但是，满足幼儿的兴趣和需要本身并不是幼儿园教育的终极日标，而只是实现终极目标所必需的。杜威说，“兴趣只是能力的信号”，幼儿园教育的目标是让幼儿获得体、智、德、美诸方面全面、和谐的发展，而不仅仅限于他们兴趣、需要的满足。另外，幼儿的兴趣和学习是互为因果的，不应视兴趣为活动的绝对的先决条件。美国教育心理学家奥苏贝尔指出，“动机与学习之间的关系绝非一种单向性的关系”①，这即是说，教育不仅要激活幼儿原有的兴趣，也要不断培养新的兴趣，因为幼儿毕竟不可能认识到所有适合他发展的有价值的东西。在有些情况下，有效的教育能以富有吸引力的成果让幼儿尝到甜头，从而产生对新对象的学习兴趣，有了兴趣之后又反过来促进进一步的学习。因此，扩展、引导幼儿兴趣的发展同样是重要的，一味地等待幼儿的兴趣产生是消极的。正因为此，确保幼儿园教育环境的多样性、选择性，确保幼儿在课程中的自由活动，特别是自由游戏，就显得十分重要了。

(三)“幼儿为本”的幼儿教育只考虑幼儿就够了

倡导“幼儿为本”不能将之孤立化。不能认为“幼儿为本”就是“幼儿唯一”，似乎别的一切因素都无足轻重，都不必考虑，都可以牺牲。

“幼儿为本”的优质教育是多因素的结晶，是许多方面共同作用的结果。也就是说，它的实现需要多种条件来保证，否则“幼儿为本”就会成为一句空话。“虽然幼儿能够快速地学习大量的知识，而且学习热情很高，但是他们最终学了什么，学到了多少，主要依赖于与他们互动的成人。”②许多实例表明，离开了成人的正确理解、引导和支持，儿童的良好发展是难以实现的。美国哥伦比亚大学 C. Howes 和 S. L. Helburn 关于幼儿教育质量影响因素的研究表明，在影响幼儿教育质量的诸因素中，作为第一要素的“过程质量”在很大程度上决定了幼儿在日常生活中获得的体验和经验的质量。不言而喻，这是保教质量的核心问题。而从其“过程质量”中所列举的“教师的亲和力”“对儿童积极肯定的态度”等情感性因素可以明确地看到，最重要的是保育者与幼儿积极的人际互动关系。真正的“幼儿为本”是体现在以保育者与幼儿的“关系质量”为中心的日常人际关系之中的，是体现在保育者与幼儿无数次反反复复的互动之中的。同时从影响“工作环境质量”的因素中也可以看到，保育者的工

① 邵瑞珍主编. 教育心理学[M]. 上海：上海教育出版社，1997：296.

② [美]芭芭拉·鲍曼，苏珊娜·多诺万，苏珊·勃恩兹. 渴望学习：教育我们的幼儿[M]. 吴亦东，等，译. 南京：南京师范大学出版社，2005：110.

作、生活状态、对工作的满意度、压力程度等都与幼儿教育质量息息相关。正因为此，可以说，重视幼儿教师的工作条件的改善、待遇的提高、减轻他们的压力等是与落实“幼儿为本”的理念、促进幼儿的发展等不可分割地联系在一起的。孤立地强调“幼儿为本”而给教师过多过大的负担或者压力，只让教师讲奉献、讲“一切为了幼儿”，而不顾及教师的工作环境质量，不改革幼儿园的管理为教师创造适宜的工作条件，“幼儿为本”是根本不可能实现的。

第三节　能力为重

在《专业标准》中，“能力为重”被定位为幼儿园教师所必须秉持的一个基本理念。即是说，在幼儿教师专业发展的价值取向上强化了能力的地位。为什么提出“能力为重”理念？“为重”是相对于“为轻”而言的，是否说过去幼儿教师专业素质的发展中没有重视“能力”呢？幼儿教师的“能力”的内涵是否已经发生了变化呢？

一、强调“能力为重”理念的背景

自1996年国际21世纪教育委员会提出了教育的四大支柱：学会认知、学会做事、学会生存、学会共处之后，“学会做事”成为国际教育界的一种价值导向。随着时代的演进，“学会做事”的内涵已超越了传统意义上的概念局限，不仅仅指具有做事的一般技能或技术，也不仅仅指按照重复不变的方法熟练地做事，而是倡导富于责任感与创新精神地做事，进行更富于专业水准的反思性的实践。在“学会做事”的价值导向下，不断发展变化的时代需求和不断更新的知识和信息使得各种专业能力的内涵、结构及其水准必然要发生更新与优化。教师专业能力自然也不例外，重视能力建设成为教师专业发展的趋势。

从国内外的发展来看，如《规划纲要》所指出的那样：“当今世界正处在大发展、大变革、大调整时期。世界多极化、经济全球化深入发展，科技进步日新月异，人才竞争日趋激烈。”民族素质和创新能力越来越成为综合国力的重要标志。我国社会正处在改革发展的关键阶段，构建社会主义和谐社会，加快建设创新型国家的历史重任，凸显了提高教育质量的重要性和紧迫性。幼儿教育作为我国基础教育的基础，也被推入了以提高质量为核心，注重教育内涵发展的阶段。由于教师质量是决定教育质量的最重要的因素，教师专业能力是教师质量的核心，因此，提高教师专业能力的问题自然成为当前我国教育发展的重中之重。

再从幼儿教育的发展来看，《指导纲要》贯彻十年来，幼儿教师的观念发生了很大的变化，“以儿童发展为本”的思想深入人心。同时，教育实践层面也发生了很大的变化。但是，由于幼儿教师的专业能力尚不能达到《指导纲要》的要求，使《指导纲要》的深入贯彻遇到了极大的阻力，可以说，教师的专业能力问题是《指导纲要》深入实施的主要瓶颈。如尽管《指导纲要》要求“帮助每一个儿童实现富有个性的发展”，但由于理解幼儿、与幼儿互动、有针对性地帮助每个幼儿发展的能力是幼儿教师专业能力中的短板，因此教师们普遍感到把《指导纲要》的先进理念转变为教育实践有很大的困难。在教育过程中对幼儿把握不准，对不同年龄儿童发展的现状和目标把握不准，故导致教育中随意性大、教学的有效性差、幼儿的发展质量不高。再如，《指导纲要》要求综合性地开展幼儿教育，反对小学化倾向，但由于教师缺乏综合指导的能力，缺乏通过游戏和生活促进幼儿发展的能力，致使幼儿教育难以发生普遍的根本性的变化。鉴于此，教师的专业能力问题成为进一步深化幼教改革的焦点。幼儿教育的现状表明，“能力为重”理念的提出是非常迫切、非常必要、非常合理的。

二、幼儿教师的能力转型

十年来贯彻《指导纲要》的重大成果之一是促进了我国幼儿教育范式的变化。所谓范式，在词典中被解释为“规范”或“范型”。《指导纲要》的“以幼儿为本”的理念和“促进每一个幼儿全面而富有个性的发展”的教育价值观推动了我国幼儿园课程的范式转换——从科学中心主义课程向社会建构中心课程变化，从“教”为中心的课程向“学”为中心的课程变化，这是一个根本性的结构性的变革。不同范式的幼儿园课程由于教育教学的理念不同，强调的课程要素不同，对教师的能力要求也不同。科学中心主义课程重视各领域的知识体系，强调分科、预设、讲授等要素；而社会建构中心课程则把幼儿理解的、幼儿当下生活中的课题和幼儿主体地参与学习、建构自己的知识和同伴文化置于课程的中心地位，强调综合、生成、情境、体验等要素。显然，与不同课程特征相适应的教师能力的重点也是不同的。科学中心主义课程以教师的“教”为中心，教师按照自己预设的教学计划进行以传授知识为主的教学。在这样的课程中，教师“教”的能力——备课、讲课、组织教学过程、传授知识等是其能力的重点；而在社会建构中心课程中，幼儿的“学”是中心，“教”是学的支架，是为幼儿创设学习环境，是作用于幼儿的活动而对其发生影响的过程。在这样的课程范式中，教师的能力重点首先是了解幼儿、理解幼儿。“第一是理解幼儿的内心，从幼儿的行动中解读幼儿的兴趣和关心的方向、与人和物的互动、游戏的动机等；另一个是对环境、游戏等相关的对象的理解。”①在理解的基础上，需要进一步创造学习环境、调动幼儿参与、与幼儿对话、帮助幼儿主动建构自己的知识。“教育就是幼儿和教师之间的相互作用。从理解幼儿与理解环境两个视角的交点看出支持的可能性，再返回到理解。在这个循环过程中教育得以成立。”②不难看出，这样的教育活动的关键成分是体验、参与、过程、环境、互动合作、意义获得等。不言而喻，课程范式的变化必然要求教师的能力重点发生转移。下面将两种不同范式的幼儿园课程中教师专业能力的重点作一简单比较，也许能更清楚地看到二者的差异和教师专业能力转型的方向。

“教”为中心讲授型课程的能力重点	“学”为中心互动型课程的能力重点
内容预成——按教材制定教案	了解与理解幼儿、基于幼儿生活与发展水平、经验来确定内容，重视生成
同一化单向传递——讲得好是关键	多样化互动，倾听、对话、互动是关键
权威性的教学组织——控制课堂纪律、主宰教学进行	合作性活动——创设环境、调动参与、倾听、应答、分享、共同构建

① ［日］河边贵子．游戏为中心的保育［M］．上海：华东师范大学出版社，2009.

② 同上

续表

“教”为中心讲授型课程的能力重点	“学”为中心互动型课程的能力重点
教学高结构、计划固定、课堂中心	教学低结构、计划根据幼儿实际调整而宽松灵活，教学在游戏、生活中融合
重视既定目标达成——重视预定目标是否完成，验收结果、评分划级	重视解读过程——尊重差异、激励发展、反思和改进教学
以幼儿园为中心完成教育教学任务	家、园、社区共同体，基于沟通、合作展开教育
教师的核心能力：吃透教材、教学技巧熟练、善于计划与组织教学	教师的核心能力：吃透幼儿、创造适宜的教育环境、善于通过游戏与一日生活与幼儿互动、与家庭社区合作开展教育活动

毋庸讳言，我国幼儿教师的专业能力与幼儿园教育改革的需要之间尚存在很大的差距。教师的能力还远不适应幼儿园课程转型的要求。正是在这个意义上，《专业标准》提出了“能力为重”的理念。《专业标准》指出：“把学前教育理论与保教实践相结合，突出保教实践能力；研究幼儿，遵循幼儿成长规律，提升保教工作专业化水平；坚持实践、反思、再实践、再反思，不断提高专业能力。”可以看到，被强调的幼儿教师的能力是：“与理论相结合的保教实践能力”“研究幼儿的专业能力”“反思提高的自我发展能力”。这三项能力共同的基础是“幼儿为本”的幼儿教育实践、是与理论密切结合的非盲目的实践、是基于研究幼儿与教育规律的专业化实践、是由理性思考所推动的不断进步与升华的实践。这三项能力共同的指向是教师的学习、研究、创新以及个人专业发展，即学习能力、研究能力、创新能力、自我规划与发展能力。显然，与过去要求的幼儿教师的能力相比，现在所谈及的幼儿教师的“能力”概念的内涵已经发生了根本性的变化。基于此，“能力为重”理念的提出不是说过去的幼儿教师没有能力或者不重能力，而是强调教师必须在新的变革中转变自己的“能力观”，树立新的“能力观”，提高自己与教育变革相匹配的、适应“幼儿为本”教育的专业能力。

第四节　终身学习

《专业标准》的“终身学习”理念指出：“学习先进学前教育理论，了解国内外学前教育改革与发展的经验和做法；优化知识结构，提高文化素养；具有终身学习与持续发展的意识和能力，做终身学习的典范。”终身学习的理念适应了国际教师专业发展与教育改革的趋势，同时也适应了教师需要不断学习、提高的职业要求。

一、终身学习是当前国际教师专业发展和教育改革的趋势

终身学习是时代发展的要求。为了应对时代发展的挑战，自20世纪80年代以来，世界各主要国家都开始逐步将终身学习作为指导本国教育改革与发展的一项基本政策和原则。美国早在1976年就颁布了《终身学习法》，在1994年的《目标2000：美国教育法案》第五条中特别强调并鼓励终身学习机会的提供；日本则于1988年颁布了《日本文教政策：终身学习最新发展》的白皮书，1990年又颁布了《终身学习振兴法》；此外，瑞典、法国等国家也颁布了以终身学习为指导原则的系列教育改革法案。与此同时，终身学习在教师专业发展中的地位和作用也受到越来越多的重视，日本自20世纪80年代以来，通过持续努力，逐步构建起了终身学习型专业发展的教师专业发展模式；欧盟则将教师的角色与教师终身学习和职业生涯发展看作教师的关键优先权，在《教师能力和资格的欧盟共同原则》中也提出必须将教师置于终身学习体系中。终身学习已成为当前国际教师专业发展和教育改革的主要趋势之一。

在我国，党的“十六大”提出了建设学习型社会和终身教育体系的重大战略任务，在全国掀起了建设学习型社会的热潮；2010年颁布的《规划纲要》中亦提出：“到2020年，基本实现教育现代化，基本形成学习型社会，进入人力资源强国。”2011年颁布的我国《教师教育课程标准（试行）》以“终身学习”为指导理念，指出：“教师是终身学习者。教师专业发展是一个不断完善的过程，需要教师进行终身的专业学习。”这是我国对当前国际教育改革与发展趋

势做出的回应，也是对教师终身学习所做出的方向指引。

二、终身学习符合幼儿园教师职业特点，是幼儿园教师职业发展的需要

如联合国教科文组织编著的《学会生存》一书中所指出的那样，人的生存“是一个无止境的完善过程和学习过程。人和其他生物的不同点主要就是由于他的未完成性”。人如此，育人的教师更是如此。幼儿园教师职业的特点与职业发展需要要求幼儿园教师必须坚持终身学习的理念，做终身学习者。

幼儿园教师职业的对象是具有主动性和独特性的幼儿个体，幼儿园教师的主要任务之一是激发幼儿的学习兴趣，强化幼儿的学习动机，增强幼儿对学习的需求，以让幼儿在未来社会中具有持续发展的可能性。德国著名教育家第斯多惠说过，“只有当你不断致力于自我教育的时候，你才能教育别人。”因此，幼儿园教师自身必须树立终身学习的理念，并将其付诸行动，才能不断影响幼儿的学习态度及行为，成为幼儿终身学习的榜样。

幼儿园教师专业化是当代幼儿园教师发展的重要内容。幼儿园教师专业化是一个动态的、没有止境的发展过程；是教师在其整个教学生涯中不断提高自我、从不成熟逐步走向成熟的漫长过程；是教师在专业素质方面不断成长和追求成熟的过程。在专业发展过程中，幼儿园教师需要不断学习各种文化知识、专业知识以及教育教学知识等，不断拓宽自身的知识视野，优化知识结构，不断了解当前最新的教育理论、前沿研究和其他国家的学前教育动态，借鉴其他国家的长处，用新理论、新方法指导自己的教育教学活动，不断改进自己的教育教学实践。这就是说，幼儿园教师专业发展所要求的通识知识素养、教育能力素养、教育理论素养以及自我的人生发展追求等，都需要通过终身学习的途径来实现。因此，树立终身学习理念，有终身学习的迫切愿望和实际行动，是幼儿园教师职业发展的不可缺少的需要。

三、幼儿园教师需要具有终身学习与持续发展的意识和能力

《专业标准》提出终身学习的理念，希望幼儿园教师成为终身学习者，这

要求幼儿园教师具有终身学习和持续发展的意识与能力。

幼儿园教师应具有终身学习和持续发展的意识。为了使自己成为终身学习者，应对知识“爆炸”的时代对人素质的要求，幼儿园教师首先应具有终身学习和持续发展的意识，要清醒地认识到终身学习是时代进步和社会发展对人的基本要求，是人自我发展、自我实现的不竭动力，是幼儿园教师专业发展的基本条件，也是幼儿园教师更好地完成教育教学工作的必然要求。同时，要有紧迫感，要认识到，只有不断学习与发展，与时俱进，才能成为一名合格的幼儿园教师，跟上幼教改革的步伐，否则必然会被时代和社会所淘汰。

仅有终身学习和持续发展的意识还不足以保证幼儿园教师成为一名终身学习者，幼儿园教师还必须具有终身学习和持续发展的能力。2006 年，欧盟委员会提出了终身学习的八方面的关键能力和素养，即母语沟通能力，外语沟通能力，数学、科学与技术的基本能力，信息技术能力，学会学习能力，文化表达能力，公民素养以及实干精神等。这八大能力与素养是公民终身学习所必备的，自然也是幼儿园教师所应具备的能力与素养。当然，作为教师，还应具备适应现代教学的能力、教育教学科研能力，特别是在教育过程中研究幼儿、研究教育的能力，解决实际问题的能力等。只有具备了这些终身学习和持续发展的能力，幼儿园教师才能真正成为终身学习者。

作为终身学习者，幼儿园教师除了拓宽职业视野、优化知识结构和提高自身教育教学能力之外，还需要不断提高自我发展的能力。幼儿园教师应了解教师专业素养的核心内容，明确自身专业发展的重点、方向，了解教师专业发展的影响因素、阶段和途径，学会理解与分析优秀教师的成功经验，不断地进行反思与自我调控，有效地促进自身的专业发展。

在我国构建学习型社会和学习型组织的今天，希望我国幼儿园教师通过不断增强终身学习和持续发展的意识，提升终身学习和持续发展的能力，自觉形成自主学习的良好习惯，真正成为终身学习者和学习社会的促进者。

第三章　幼儿园教师的专业理念与师德

【导读】专业理念与师德是《专业标准》的第一个维度，在幼儿园教师的专业素养中处于核心地位。本章对专业理念与师德的内涵与基本构成进行了诠释，并对专业理念与师德维度所包含的四个领域——对职业的理解与认识、对幼儿的态度与行为、幼儿保育和教育的态度与行为、个人修养与行为以及20条基本要求从含义、价值与作用、如何达到这些要求等角度进行了具体分析，以期为理解和落实《专业标准》提供启示与借鉴。

第一节　专业理念与师德的内涵与构成

作为《专业标准》三大维度之首，“专业理念与师德”是幼儿园教师专业素养的核心组成部分。明确幼儿园教师专业理念与师德的内涵与构成，了解其生成途径，是提升幼儿园教师专业理念与师德修养的前提。

一、幼儿园教师专业理念与师德的内涵

幼儿园教师的专业理念与师德是幼儿园教师所持有的专业理念及其所拥有的师德的统称，是幼儿园教师专业发展的一个关键维度，在《专业标准》的结构框架中居于首要位置。

专业理念是专业人员对自身专业的性质、标准、价值等的理解、判断、

期待与认同，指引着专业人员的思考方式和行为举止。幼儿园教师的专业理念是指幼儿园教师“在对教育工作本质理解基础上形成的关于教育的观念和理性认识”①，专业理念为幼儿园教师的专业行为提供了理性支点，使得作为专业人员的幼儿园教师和其他非专业人员区别开来。幼儿园教师所持有的专业理念会直接决定其组织保教活动的目的、内容和方式，影响其保教活动的效果以及其自身专业发展的方向。

师德即教师的职业道德，是教师在长期的教育教学实践中形成的比较稳定的道德观念、行为规范和道德品质的综合，是教师的思想觉悟、道德品质和精神面貌的集中体现，也可以称之为教师的专业伦理规范。幼儿园教师的师德是一定社会对幼儿园教师的职业行为提出的基本道德要求，通常以师德理想、师德原则以及师德规则等方式表现出来。

可以看出，幼儿园教师的专业理念与幼儿园教师的师德既有区别又相互联系。区别在于，专业理念更侧重于从幼儿园教师对保教工作的对象、内容、方式的“专业性”认识，师德则侧重于从幼儿园教师对保教工作的态度和个人修养等“个人品质”(personal)。联系在于，幼儿园教师的实践将专业理念与师德之间的界限淡化并通融为一体，共同从思想认识层面支配和制约着行为。因此，在本次颁布的《专业标准》中，将幼儿园教师的专业理念与师德二者统合在一起作为一个维度。总的来说，幼儿园教师的专业理念与师德是幼儿园教师通过日常生活、教育教学实践与专业理论学习获得了对学前教育规律和幼儿身心发展的理性认识，并形成了对幼儿园教师这一职业的基本道德规范的认同与内化，这种理性认识和道德规范最终将影响到幼儿园教师的保育教育行为。

教师的专业理念与师德是教师专业素养的核心，是教师专业发展的重要标志和关键维度。幼儿园教师的专业理念与师德是教师心中的“指南针”和“导航灯”，引导或调整教师的保教活动，不同的幼儿园教师在不同的专业理念与师德的指引下，用不同的教育态度，采取不同的教学手段，也就形成了不同

---

① 叶澜．新世纪教师专业素养培养初探[J]．教育研究与实验，1998(1)．

的教育行为。幼儿园教师的专业理念与师德对教师的教育实践的影响作用是整体性和全方位的。可以说，幼儿园教师的专业理念与师德是幼儿园教师专业发展的重要体现，同时又反过来能够促进幼儿园教师的专业发展。具有良好专业理念与师德的幼儿园教师往往具有很强的自主发展意识，专业知识和专业能力方面的素养也相应地会较高。

二、幼儿园教师专业理念与师德的基本构成

幼儿园教师的专业理念的构成和幼儿园教师师德的构成略有不同，但在《专业标准》中却得到了很好的融合。

一方面，幼儿园教师的专业理念主要包括其学前教育价值观、儿童观、保教活动观等。学前教育价值观是指教师关于学前教育对幼儿发展以及社会生活发挥了何种作用的看法。儿童观是指教师对教育对象的身心发展特质的认识。幼儿园教师怎样看待幼儿以及幼儿发展本质上决定了他们对幼儿采取怎样的教育态度和教育行为。保教活动观是指教师对保育活动和教育活动的作用、内容、方式、效果等整个过程的理解。幼儿园教师的教育价值观和幼儿观会影响到其保教活动观，并且幼儿园教师不同的教育经历也决定着他们对幼儿园的保教活动有认识和理解上的差异性。

另一方面，幼儿园教师的师德从不同的角度可以有不同的构成。如果从幼儿园教师在教育工作中所涉及的关系来看，就包括教师与幼儿的关系，教师与同事以及教师集体的关系、教师与幼儿家长的关系，教师与社区以及其他相关人员的关系。如果从幼儿园教师师德的层次来看，既包括具有激励功能的师德理想，也包括有指导功能的师德原则，还包括有约束功能的师德规则。师德理想是对教育人员的最高要求，更多的指向教育者的思想、情感、态度而不是行为，师德原则是对教育者的中级要求，规定了行为的“基准”，是通常情况下需要达到的，特殊情况下允许变通的，师德规则是教育者所需要达到的最低限度的行为要求，规定的是教育者从教的行为底线，在任何情

况下都不得违反。① 如果从内容来看，幼儿园教师的师德包含了教师的职业理想、职业责任、职业态度、职业良心、职业作风以及教师的人格特质。

在《专业标准》中，将幼儿园教师的专业理念与师德以“思想”为结合点融合成一个维度，并且将二者的共同点结合在一起划分为四个领域：即幼儿园教师对职业的理解与认识、对幼儿的态度与行为、对幼儿保育和教育的态度与行为以及个人修养与行为，每个领域又有一些具体的基本要求，总计20条基本要求。这四个领域凸显了幼儿园教师工作中的主要关系，20条基本要求也体现了幼儿园教师专业理念与师德最重要的方面和原则。从纵向上看，维度一领域一基本要求共同构成了幼儿园教师专业理念与师德。从横向上看，专业理念与师德的维度既有理想层面的宏观要求，也有原则层面的中观基准，还有规则层面的行为规范。

三、幼儿园教师专业理念与师德的生成

幼儿园教师科学适宜的专业理念与师德并不能自然而然地“被动生成”，而是需要通过各种途径与方式“主动修炼”。对于幼儿园教师而言，理论学习、实践反思、合作研究以及榜样模仿是专业理念与师德生成的基本途径。

(一)理论学习：让专业理念与师德在理论引领下生成

对教育理论和教师专业伦理规范的学习是幼儿园教师形成其专业理念与师德的主要理论来源。幼儿园教师对教育理论和专业伦理规范的学习的发生可能是由于工作的迫切需要而进行的主动学习，也可能是教育行政部门的统一规定或者幼儿园的集体学习，还可能是根据自己的兴趣而进行的随意式学习，但不管属于何种情况下的学习，教育理论对于幼儿园教师而言都具有重要的作用，是幼儿园教师生成适应时代发展的专业理念与师德的有效的途径之一。

幼儿园教师的理论学习需要各个方面的条件支持。作为幼儿园教师本人而言，应该注意两点：首先，激发对理论学习的强烈动机。幼儿园教师只有

① 黄向阳. 德育原理[M]. 上海：华东师范大学出版社，2000：101-103.

对理论有强烈的学习需要，才可能产生通过理论的引领生成专业理念和师德的内部动力支持。如果幼儿园教师没有对理论的学习动机甚至对这些理论持排斥情绪，就不会有了解这些理论的进一步举动，更不会将理论内化为自己的专业理念。其次，提高自身的理论修养和政治觉悟。幼儿园教师已有的理论水平与修养决定着教师对新的教育理论和专业伦理规范的可理解和接受程度。提高理论水平有助于理解教育理论的真正内涵和意义，内化成自己的专业理念与师德。

(二)实践反思：让专业理念与师德在实践体悟中生成

幼儿园教师通过对自己所进行的保教工作实践的反思，从自身的经验中体悟、总结是他们专业理念和师德生成的实践来源。

幼儿园教师要将感性的、具体而纷繁的教育经验上升为理性的、抽象而扼要的专业理念，要从教育实践中总结出作为幼儿园教师的职业道德规范，不是一个简单的过程，而是一个包含有认知变化、情感投入和行为反馈的复杂过程。影响这个过程的主要因素是教师本人的领悟能力。首先，幼儿园教师必须有反思的意识，应该尽可能地将自己的每一次经验都看成一次探索性的行为，及时从中总结出属于自己的教育理念。其次，幼儿园教师还必须要有反思的能力。理论提升的实质是教师能够超越具体的教育事实和教育行为，看到现象背后的本质和行为背后的原因，并能够对此做出理论上的归纳和总结。最后，幼儿园教师应该对教育实践中的一些价值性的问题进行反思，如“我认为的学前教育是什么样子?”“我采取这种行动的原因是什么?”“作为一名教师，我的根本职责是什么?”“我是否有权力这么做?”等问题，因为这些价值性的问题常常关系到幼儿园教师对学前教育的整体看法，涉及的是教师对学前教育的基本态度，这些都属于幼儿园教师基本的专业理念与师德的范畴，并且将从根本上决定幼儿园教师教育行为的适宜性。

(三)合作研究：让专业理念与师德在研究提炼上生成

通过行动研究获得对外在的教育理论或者道德规范进行践行和重构，使之真正内化为自己内在的理想信念是幼儿园教师专业理念和师德生成的现实通道。

幼儿园教师对自身的教育实践开展行动研究其实是幼儿园教师实践反思的高级阶段或称升华阶段。在反思的基础上，教师能够将实践中的“具体问题”归纳、总结、提炼成“研究课题”，对某些内容不同但实质相似的现象形成整体性的认识与理解，这种认识与理解其实就是观念和思想层面的“专业理念”了。

幼儿园教师开展行动研究需要注意两点：一是强调在真实的教育情境中的“留心教学中出现的问题并设法解决”①。行动研究不是要求幼儿园教师在自己的保教工作之外另外进行专门的研究，而是在保教工作过程中的一种反思和总结。二是强调行动研究不是幼儿园教师个体进行的一种“孤独的事业”，教师需要和其他教师或者校外的教育研究者合作进行研究。这种合作研究不仅可以帮助教师在知识上取长补短，而且可以在情感上互相支持，在思想上互相影响，在行为上互相督促，最终有助于幼儿园教师通过合作研究生成科学适宜的专业理念和师德。

(四)榜样模仿：让专业理念与师德在体察习得中生成

通过对他人作为师德榜样的体察、习得和模仿是幼儿园教师促进自身的专业理念与师德生成的有效方式。模仿是人的一种本能。师德榜样则是那些在师德和专业理念方面具有典型成就的教师。榜样模仿就是幼儿园教师通过对师德榜样这一具体形象的典型人物和他们的师德事迹以及教学理念的观察、学习、体验来获得积极的心理影响，并进而自觉或不自觉地接受和仿效榜样的过程。

当然，幼儿园教师要获得专业理念与师德的迅速生成，需要注意两点：第一，增强自觉模仿的意识与能力。任何模仿都带有明显的倾向性和目的性，幼儿园教师对师德榜样的模仿不仅是为了更好地适应保育教育工作，更是为了获得更大的成就和进步，满足自尊感和职业成就感。第二，促使自己认同师德榜样行为的价值和意义。最初的模仿一般只能模仿外显行为，很难触及内心世界，要达到更深层次，就必须认识到被模仿行为的意义和价值，并伴随有喜悦的情绪体验，有选择、有目的、有计划、有步骤地进行模仿，不但

---

① 刘良华．校本行动研究[M]．成都：四川教育出版社，2002：179.

要模仿榜样的行为和工作方法，更应该模仿榜样的气质和思维方式。身边的同事、优秀教师和师德标兵、育人楷模都可以成为幼儿园教师模仿的对象。

阅读材料

全国教书育人楷模石利颖相关报道(节选)

传道以爱　授业以识

——记北京市第五幼儿园石利颖教师

人生的经历并不能等同于资格，现在端坐于前的石利颖就是一位年轻的高级教师，于是还没来到第五幼儿园之前基于那么多荣誉的想象一下子隐遁得无影无踪，没有白发没有皱纹，就那么热情地对你笑着。而一说到孩子一说到教学，她的神采更见飞扬，好像有说不完的事情要告诉每一个人——教育孩子竟有如此幸福。

春风化雨　以爱育人

对小朋友的教育不同于义务或是高等教育，没有那么多的学科分类，不需要有高深的理论掌握专业的知识，但却对个人的整体素质有着很高的要求，在这个领域工作的人必须要具备高层次的人文素养，要懂得爱，有一颗敏感的心灵能够深入洞察孩子的内心世界。

初到第五幼儿园的石利颖，并不具备这样的素质，那时的她只能算是一个尽职尽责的工人，坚守自己的一份岗位，像对待生产线上的产品一样，保证每个孩子不出什么大的问题。然而幸运的是，这种日子并没有持续多久。石利颖在教学中与孩子朝夕相处，与他们一起经历成长的点点滴滴，感受他们天真的悲伤与快乐。此时，爱的冲动已经开始蕴积，只是看到很多同学纷纷转身投入另一个行业，让她对自我的价值产生怀疑，她不能确定自己正走的路是否正确。好在有一个敏锐的园长，及时点醒了她“看清远方，不能做死水一潭，而要富有激情”。一如拨云见日，石利颖开始以积极主动的心态对待工作，“爱的分量潜滋暗长，我对这些学生由关注转为关爱，责任与爱合二为一成为殷殷的期望”。用心去观察孩子、去爱孩子，她突然觉得“这是老天所赐予的工作，在这里可尽情地释放自我”，而在爱孩子的同时她也能深深“感受到那扑面而来的幸福与快乐”。

调皮捣蛋的儿童，一直是众多幼儿园老师头疼的问题，他们似乎天生就是麻烦的代名词，向老师挑衅，让老师感到一阵阵头皮发麻。对于这些小朋友，石老师也通过爱的方式来接近他们，并刻意在他们心中树立起爱的影像，“他们调皮，他们可着劲地闹，不过是为了引起老师的注意，这说明他们比一般的孩子需要更多的关注、更多的爱”。第五幼儿园已经形成一条不成文的规定，调皮捣蛋的孩子所在的班级一定会由石老师来接。而很多家长发现自己的孩子，原先一直被抱怨成老师的天大麻烦，在石老师那里待上一段时间，一下子就会长大很多，变得谦和而懂事。在她班里曾有一个小孩，提起他会让很多老师顿感头疼。石老师主动去了解、接纳他，让他明白“石老师像爱其他孩子一样爱我甚至更爱我”。爱的教育，使孩子的情感也积极主动起来，虽然不能用语言来表达，但他已然懂得人与人之间的交流有理解、有爱。在石老师膝盖因他而伤时，他会心存愧疚，悄然忐忑地用小手来轻抚伤处，或许他认为这样有传说中仙药的疗效，可以减轻老师的痛楚。

醉心于儿童教育，十六年勤勤恳恳，石利颖或许真是生活在孩子们的童话世界里，会一路幸福快乐地走下去。

（资料来源：孙传爱，薛传燕．中国教师报，2009-06-14．http://www.moe.edu.cn/publicfiles/business/htmlfiles/moe/sb213/201202/129981.html）

第二节 对职业的理解与认识

“职业理解与认识”领域是从幼儿园教师对学前教育事业和幼儿园教师职业的认识等宏观层面，对一个合格幼儿园教师所应该具备的专业理念和师德进行了规定。获得对自己所从事的职业的正确认识，树立起对自己所从事的工作的科学理解是成为一个合格幼儿园教师的前提。这一领域主要涉及的是幼儿园教师对国家教育方针政策的理解、对学前教育价值的认识、对幼儿园教师这一职业的态度、对职业工作中团队的认可以及幼儿园教师应该具备的职业道德等方面的内容。具体来说，包括以下五个方面的基本要求：

1. 贯彻党和国家教育方针政策，遵守教育法律法规。

2. 理解幼儿保教工作的意义，热爱学前教育事业，具有职业理想和敬业精神。

3. 认同幼儿园教师的专业性和独特性，注重自身专业发展。

4. 具有良好职业道德修养，为人师表。

5. 具有团队合作精神，积极开展协作与交流。

一、爱国守法

爱国守法是幼儿园教师职业的基本要求，我国的相关法律、法规文件中对此做出了明确规定。《中华人民共和国教师法》第八条中明确规定了教师应当履行的义务就包含有“遵守宪法、法律和职业道德”“贯彻国家的教育方针，遵守规章制度”等条款，我国的《中小学教师职业道德规范(2008 年修订)》第一条就是“爱国守法”，具体提出：“热爱祖国，热爱人民，拥护中国共产党领导，拥护社会主义。全面贯彻国家教育方针，自觉遵守教育法律法规，依法履行教师职责权利。不得有违背党和国家教育方针政策的言行。”可见，对国家教育方针政策的科学理解和认真贯彻是作为一名合格的幼儿园教师首要必备的专业素养。

幼儿园教师怎样才能具有“遵守教育法律法规”的专业理念，真正能够在自己的保教工作中“贯彻党和国家教育方针政策”呢?

首先，幼儿园教师需要了解我国已经颁布的教育法律和行政法规，特别需要熟知与学前教育相关的法律法规以及政策。《中华人民共和国宪法》《中华人民共和国教师法》《中华人民共和国教育法》《中华人民共和国民办教育促进法》《教师资格条例》等法律法规都是我国各级各类教育机构进行教育实践的最高法律规定，也是不同教育阶段的教师开展教育工作、实施教育活动的最高法律依据。

幼儿园教师还要非常熟悉与学前阶段教育相关的法律法规，深刻理解我国学前教育的方针、政策、精神以及阶段性的学前教育事业发展目标等。《中华人民共和国未成年人保护法》《幼儿园管理条例》《托儿所、幼儿园卫生保健管理办法》《中小学幼儿园安全管理办法》《幼儿园工作规程》《幼儿园教育指导纲要(试行)》《3～6岁儿童学习与发展指南》以及《国家中长期教育改革与发展规划纲要(2010—2020年)》等法律和文件都为幼儿园教师开展保教活动提供直接的法律和理论依据。当然，对国际上一些相关法规的了解也有利于幼儿园教师更好地理解我国学前教育法律法规出台的国际背景，从而能够更深刻地领会这些法律法规的内在精神。如对《儿童权利公约》的学习能够使幼儿园教师更好地理解我国的学前教育法律法规中对幼儿受教育权利的重视、对幼儿独立人格的尊重等精神。

其次，幼儿园教师还需要总结与体悟国家基本教育方针和主流学前教育思想，以便能够在教育实践中随时贯彻落实。如理解我国对学前教育的定位是强调其基础性、先导性和公益性。“学前教育是基础教育的组成部分，是终身教育的奠基阶段。”“学前教育是幼儿教育的开始，合理的学前教育可以让幼儿未来的发展有一个良好的开始。”“学前教育既是对新生一代的教育要求的重要组成部分，又具有社会公益事业的性质，使父母安心地投入到工作当中去，促进社会和谐。”

最后，幼儿园教师还需要在实践中勤于反思，不但应该反思自己的某种教育行为或者某个教育活动是否适宜，而且更应该对照法律法规中的具体规定反思自己的教育实践活动，时时检视并不断完善自己专业理念和师德，才可能在保教工作中全面贯彻落实党的教育政策和学前教育法律法规。

二、爱岗敬业

爱岗敬业是幼儿园教师职业的本质要求。《教师法》的第三条明确提出：“教师是履行教育教学职责的专业人员，承担教书育人，培养社会主义事业建设者和接班人、提高民族素质的使命。教师应当忠诚于人民的教育事业。”《中小学教师职业道德规范(2008年修订)》的第二条从思想道德的角度对“爱岗敬业”做出了具体规定，即“忠诚于人民教育事业，志存高远，勤恳敬业，甘为人梯，乐于奉献。对工作高度负责，认真备课上课，认真批改作业，认真辅导学生。不得敷衍塞责。”这些规定都从国家法律的高度对教师做出了“爱岗敬业”的要求。《专业标准》的第二条基本要求也对幼儿园教师的爱岗敬业做出了诠释，要求幼儿园教师“理解幼儿保教工作的意义，热爱学前教育事业，具有职业理想和敬业精神”。

相信学前教育的价值，理解和认可学前教育之于幼儿发展的作用是幼儿园教师对自身职业产生认同感的前提。脑科学和生命科学研究的成果早就充分证明了0～6岁时幼儿身心发展的特殊黄金时期，通过科学适宜的学前教育满足幼儿多方面发展的需要，可以促进幼儿在情感、态度、能力、知识、技能以及健康等方面的发展，为幼儿一生的发展奠定良好的基础。幼儿园教师只有相信自己所实施的符合幼儿身心发展规律的教育一定能对幼儿的身心健康发展发挥积极有效的作用，把保教工作看作是一种具有特殊社会价值的公共服务，才能获得职业成就感和幸福感，并激发起进一步做好保教工作的热情和信心。

幼儿园教师还需具有强烈的敬业精神，并对自己的职业有目标、理想和规划。敬业精神和职业理想是幼儿园教师做好教育工作的思想助推器。敬业和职业理想会让幼儿园教师产生不受营利性动机驱使的奉献精神，对从事学前教育工作的动机不是停留在待遇和兴趣层面，而是上升到热爱专业忠于职守的层面。敬业是幼儿园教师事业进取的原动力，敬业才能尽心尽力、尽职尽责、不怕挫折，敢于创新。敬业精神和职业理想是幼儿园教师在对职业意义和人生意义的不断体验中逐渐产生的。幼儿园教师专业角色的形成可以分为三个阶段：第一阶段为角色认知，了解幼儿园教师所要承担的社会职责、职业的特点和需要遵守的基本行为规范；第二阶段为角色认同，在有了一定的教育实践经验之后，亲身体验到了幼儿园教师所承担的社会职责，并用来衡量和控制自己的行为；第三阶段是角色信念，是幼儿园教师角色中社会要求转化成为教师的个体需要，幼儿园教师开始坚信自己对幼儿园教师职业的认识和选择是正确的，形成了幼儿园教师职业所特有的荣誉心、责任心和敬业精神。①

---

① 步社民，黄昌财．师德要素与幼儿园教师专业成长[J]．幼儿教育，2004(1).

三、专业认同

在敬业的基础上，幼儿园教师还需要认同幼儿园教师职业的专业性，并有意识地提高自己的专业素养，使自己成为一个称职的专业人员。因此，《专业标准》提出了“认同幼儿园教师的专业性和独特性，注重自身专业发展”的要求。

幼儿园教师职业是一种专业。这种判断已经成为越来越多的研究者、教育管理人员以及幼儿园教师的共识。虽然，从专业所具有的基本特征①和我国幼儿园教师职业的现状来看，幼儿园教师职业离成熟的专业还有很长的路要走，幼儿园教师职业的专业特性要得到全社会的广泛认可还有待时日，但作为一名幼儿园教师只有认识到自己所从事的职业的专业特性，才可能以一个专业人员的整体要求来提升自己的专业素养，并以自身的专业素养向社会展示其专业形象，逐步实现个体的专业发展和群体的专业化。幼儿园教师要真正从内心认同并理解自身职业的专业性，就需要在敬业的基础上不断进取，对职业的认可达到一种自觉的程度，因为体验到了自己的职业的意义而更加钻研业务，因为不断进取而更加领略到学前教育的博大精深和崇高价值，并获得外界对其职业贡献的认可与肯定，从而使幼儿园教师实现从敬业精神到专业意识的跨越。

幼儿园教师的专业认可还需要他们能够有意识地根据专业发展的规律确定符合自身实际的专业发展规划。有主动专业发展的意识、能够树立自己专业发展的目标与理想，确定符合实际的专业发展路径，这些都是幼儿园教师对自身职业专业性产生了认同的深层表现，同时也能够反过来强化其专业认可意识。幼儿园教师只有树立了长远的专业发展理想，才可能不被眼前的利益所驱使，不被一时的困难所吓倒，表现出对学前教育的坚持和执著，才能有专业发展的持久动力。

---

①　专业的三大基本特征为：专门职业具有不可或缺的社会功能；专门职业具有完善的专业理论和成熟的专业技能；专门职业具有高度的专业自主权和权威性的专业组织。见：教育部师范教育司编．教师专业化的理论与实践［M］．北京：人民教育出版社，2001：15-17.

四、为人师表

为人师表是幼儿园教师职业的内在要求，对于学前教育工作具有特殊的重要意义。为人师表其实是对幼儿园教师良好师德的高度概括，也是一名合格幼儿园教师的道德底线。《教师法》第八条第一款明确规定教师应该“遵守宪法、法律和职业道德，为人师表”；《中小学教师职业道德规范(2008 年修订)》第五条也提出教师要“为人师表。坚守高尚情操，知荣明耻，严于律己，以身作则”；《专业标准》中明确提出了幼儿园教师应该“具有良好职业道德修养，为人师表”的基本要求。

“为人师表”主要是指幼儿园教师要注重通过自身的言行举止对幼儿发展发挥积极的影响和教育作用。“以自己的言为幼儿之师，以自己的行为幼儿之范”，让自身成为促进幼儿发展的最有力资源。学前期幼儿以具体形象思维为主，且心理承受能力薄弱，自主和自理能力较低，缺乏是非判断力，无论在精神上还是在生活中非常依赖幼儿园教师，幼儿园教师的一言一行在他们的心目中具有无可比拟的“权威地位”，对幼儿园教师言行举止的无条件模仿是幼儿学习的主要方式之一，这就要求幼儿园教师要成为幼儿学习的“榜样”和“模范”，对幼儿进行正确的教育引导和示范。幼儿园教师必须要做到品德高尚、举止文明，才可能在自己的保教工作中实现“以德育德、以才育才，以爱育爱”的春风化雨式教育。

五、团队合作

合作是幼儿园教师专业活动的基本方式，也是幼儿园教师专业素养的基本要求之一。《专业标准》中明确提出幼儿园教师要“具有团队合作精神，积极开展协作和交流”，并将其放在“对职业的理解与认识”领域，更是将合作提升到幼儿园教师职业活动方式的高度，也是对合作的强调。

幼儿园教师工作中所进行的合作是广义上的合作，不仅指教师之间的合作，也指教师和幼儿家长、社区甚至与幼儿之间的合作。当然，这其中最重要的是教师之间的合作。现代意义上的教师之间的合作是建立在将幼儿园作为一个学习共同体的理念基础之上，幼儿园教师通过合作可以获得心理上的支持、知识上的共享和能力上的互补，以团队的形式有质量地完成保教工作并进行学习获得共同的提高与发展，而且也以这种合作的实际行动向幼儿示范了合作的要义。“无论哪一个教师，都不能单独地进行工作，不能做个人冒险，不能要求个人负责，而应当成为教师集体的一分子。”①在团队合作中通过同伴互助来获得个人发展是幼儿园教师进行团队合作的宗旨和要义。要实现这样的目的，就需要每一位幼儿园教师首先要有团队合作的意识，愿意以开放、接纳、包容的心态去面对工作，并且还需要幼儿园教师具有合作的能力，在合作中有理智的判断和成熟的热情，有设身处地为他人着想的品质和推己及人的胸怀，同时掌握人际交往的基本技巧如认真倾听他人的意见与感受、理解对方的立场和看法、通过对话形成共识等。

第三节　对幼儿的态度与行为

“对幼儿的态度与行为”领域是从工作对象的角度对一个合格的幼儿园教师所应该具备的专业理念和师德进行了规定。幼儿园教师看待、认识、评价幼儿的观念和对待幼儿的行为即幼儿园教师的儿童观。儿童观直接影响到幼儿园教师实施教育的理念、路径、方式和实际行动。《专业标准》从关爱幼儿、尊重幼儿、注重生活教育三个方面对幼儿园教师的儿童观进行了规定。具体内容如下：

6. 关爱幼儿，重视幼儿身心健康，将保护幼儿生命安全放在首位。

7. 尊重幼儿人格，维护幼儿合法权益，平等对待每一位幼儿。不讽刺、挖苦、歧视幼儿，不体罚或变相体罚幼儿。

8. 信任幼儿，尊重个体差异，主动了解和满足有益于幼儿身心发展的不同需求。

9. 重视生活对幼儿健康成长的重要价值，积极创造条件，让幼儿拥有快乐的幼儿园生活。

① [苏]马卡连柯. 论共产主义教育[M]. 刘长松，译. 北京：人民教育出版社，1954：304.

一、关爱幼儿

关爱幼儿，就是指幼儿园教师要关心爱护每一个幼儿，对每一个幼儿都有诲人不倦的爱心。关爱幼儿是幼儿园教师职业必须遵守的道德底线，是幼儿园教师职业区别于其他任何一种职业的本质特征之一。幼儿园教师对幼儿的关爱应该与其他人对幼儿的关爱不一样，这是一种带有教育意蕴的区别于一般人文关怀的"教育之爱"。《专业标准》将"关爱幼儿"作为幼儿园教师的基本专业素养提出来，具体规定为："关爱幼儿，重视幼儿身心健康，将保护幼儿生命安全放在首位。"

爱是教育的根基，没有爱就没有教育。幼儿园教师职业区别于其他社会职业的一个很重要的特征就是，幼儿园教师所面对的对象是人——而且是还没有自理能力和自卫能力的相对柔弱的幼儿，幼儿园教师职业的神圣就在于他是从弱者(幼儿)出发的意识。① 实际上，在整个学前教育阶段，幼儿园教师的"养护者"或者说"照料者"的角色是至关重要的。这种养护和照料不仅有对幼儿生命安全的保护，对幼儿生活的照料，更包含着对幼儿情绪情感状态、健康的人格个性品质、社会性行为等多方面的心理发展的关注与呵护。

对幼儿生命安全的保护是摆在幼儿园教师面前的首要职责，也是幼儿园教师对幼儿实施教育的基础。"保护幼儿安全"可以分为三个方面。② 首先，随时关注幼儿身边的危险，未雨绸缪地保护好每一个幼儿，确保幼儿在园安全；其次，具有生命意识，注重对幼儿进行生命安全教育，通过多种方式引导幼儿认识生命、珍惜生命、热爱生命，提高幼儿的安全意识、抗险能力和自救能力；最后，在危急时刻，幼儿园教师应该挺身而出，保障幼儿的生命安全。

关注幼儿的身心健康也是幼儿园教师专业特性的体现之一。幼儿园教师

---

① 教育部师范教育司编. 中小学教师职业道德规范学习手册[M]. 北京：高等教育出版社，2008：44.

② 教育部师范教育司编. 中小学教师职业道德规范学习手册[M]. 北京：高等教育出版社，2008：47.

应全面关注幼儿身心两方面的健康发展。幼儿园教师对幼儿身体健康的关注主要在于严格执行《工作规程》等文件中规定的幼儿一日生活作息制度，保证幼儿的休息和户外活动时间与质量，保证幼儿膳食结构合理以及帮助幼儿纠正偏食、挑食、多食、少动等不良饮食和生活习惯等。幼儿园教师对幼儿心理健康的关注则更为突出了其专业性。首先，幼儿园教师在组织保教活动时要充分考虑到幼儿的心理特点，注重幼儿的心理感受，不得损害幼儿的心理健康；其次，幼儿园教师还应该关注到幼儿的一些特殊心理需求并及时和幼儿家长沟通联系，一起帮助幼儿解决问题走出心理困境，维护幼儿心理健康。

二、尊重幼儿

尊重是一切教育的基础，也是现代教育的基本价值尺度之一。幼儿园教师对幼儿的尊重就意味着对幼儿权益的重视与维护，对幼儿人格的平等相待，对幼儿个体差异的认可与满足。对幼儿的尊重程度反映了幼儿园教师是否拥有正确的师幼观，其核心是幼儿园教师要公平公正地对待每一个幼儿。因此，《专业标准》中明确提出了“尊重幼儿人格，维护幼儿合法权益，平等对待每一个幼儿。不讽刺、挖苦、歧视幼儿，不体罚或变相体罚幼儿”“信任幼儿，尊重个体差异，主动了解和满足有益于幼儿身心发展的不同需求”的具体要求。

“尊重幼儿人格”就是要将幼儿视为平等的人格主体予以尊重。《儿童权利公约》的基本精神就是强调幼儿不仅仅是被保护和教育的对象，而且是具有积极性和主动性的“权利主体”。幼儿园教师对幼儿人格的尊重体现在三个层次：第一个层次是认识到虽然幼儿年龄小，思维不成熟，但也是一个有着自己想法、观点的能动个体，幼儿的人格、观点和想法以及权益应该受到尊重和重视；第二个层次是幼儿园教师要将幼儿的想法和观点、权益作为自己设计、组织教育活动的起点和依据，教师所采取的教育教学行为不能无视甚至损害幼儿的合法权益。第三个层次是对不尊重幼儿人格、侵害幼儿权益的行为和现象及时制止，或依靠自己的能力向相关部门反映，用自己的实际行动保护幼儿的人格和合法权益。

“平等对待每一个幼儿”也是尊重幼儿的一个具体体现，主要是指幼儿园教师在日常的保教工作中，要做到平等公正。“尊重幼儿的个体差异并满足不同幼儿的需求”是尊重幼儿的深层次要求。幼儿园教师要做到三方面的要求：首先，在理念上尊重每一个幼儿的个体差异。幼儿是具有发展差异性的人，幼儿园教师要承认、尊重和接受每一个幼儿在认知、情感与社会性甚至外貌等各个方面的独特性和差异性，特别要避免在日常工作中对外貌姣好或者能力较强幼儿无意有意的偏爱。其次，在教育活动中给予每一个幼儿基于他们能力而言平等的机会和资源。按照每一个幼儿的不同兴趣、能力、气质和性格等个体差异因材施教，使每一个幼儿的个性心理品质和能力都能够在原有的基点上获得进步，要避免无意识地给少数“好孩子”更多的“表现机会”。再次，对幼儿的评价要公正。评价的原则是每一个幼儿在原有基础上有发展和进步，避免将不同发展水平的幼儿做横向的优劣比较。

“不讽刺、挖苦、歧视幼儿，不体罚或变相体罚幼儿”是“尊重幼儿”的禁止性行为，也是幼儿园教师的师德底线。如果能够做到关爱每一个幼儿，尊重每一个幼儿的人格，并且平等对待每一个幼儿，自然就不会讽刺、挖苦、歧视幼儿，更不会体罚和变相体罚幼儿了。“讽刺、挖苦、歧视”是对幼儿人格的漠视，“体罚和变相体罚”则是对幼儿人身权益的直接侵犯，都会对幼儿的身心健康造成不可弥补的伤害。幼儿园教师在教育实践中一定要杜绝这些行为的发生。

三、注重生活对幼儿成长的价值

幼儿的生活对于幼儿的成长具有重要作用。因为幼儿在园的一日生活是完整连续的并有着自己独特的节奏，幼儿的生活中充满着各种教育契机。幼儿园教师应该真正意识到幼儿生活的价值，并且能够把教育渗透于一日生活之中，使幼儿能够在不断重复的日常生活中获得良好的发展。基于这种理念，《专业标准》中明确要求幼儿园教师“重视生活对幼儿健康成长的重要价值，积极创造条件，让幼儿拥有快乐的幼儿园生活”。

幼儿在园的一日生活由游戏、教学和生活活动等不同的形式构成。幼儿园教师要实现一日生活的教育价值需要采取多种措施：首先，必须关注幼儿生活的各种形态，而不能将有目标、有计划的教育仅仅放在“教学活动”之中，将游戏活动和生活活动当作是各种学习活动的“过渡环节”。其次，幼儿园教师必须有意识地对幼儿在园一日生活进行充分利用和有效干预，在内容上充分拓展，创设丰富多样的环境，将教育扩展到幼儿园一日生活的方方面面甚至延伸到家庭和社区中去。其实，对于怎样干预和利用，在《指导纲要》中也有诸多建议，例如，“要密切结合幼儿的生活进行安全、营养和保健教育”，“幼儿社会态度和社会情感的培养应渗透在多种活动和一日生活的各个环节中”，“科学教育应密切联系幼儿的实际生活进行”等。再次，幼儿园教师还需要转变和克服一些已有的偏见与陋习，逐步实现幼儿生活与幼儿发展的统一与贯通。如目前很多幼儿园中，正式教育活动之外的幼儿生活基本处于被忽视的状态，没有引起教师的重视，对相关活动的组织和实施没有明确目标，生活活动与教育活动相脱节，未能将幼儿的生活与幼儿的发展建立联系。如果能改变这种状态，幼儿在园的生活就能真正回归幼儿生活的本质——一种具有自在性和游戏性的生活，幼儿就一定能享有符合其本性的充满童真、童心和童趣的快乐。

第四节　幼儿保育和教育的态度与行为

“幼儿保育和教育的态度与行为”领域是从保教观的角度对一个合格的幼儿园教师所应具备的专业理念和师德进行的规定。幼儿园教师对保教活动的原则、内容、方式、效果等整个过程的认识与理解直接决定着保教活动的实践形态。《专业标准》从坚持保教结合的原则、遵循幼儿的学习方式组织保教活动、重视环境和游戏对幼儿发展的作用以及充分利用各种资源实现家园共育等方面对幼儿园教师的专业素养进行了规定。具体内容如下：

10. 注重保教结合，培育幼儿良好的意志品质，帮助幼儿形成良好的行为习惯。

11. 注重保护幼儿的好奇心，培养幼儿的想象力，发掘幼儿的兴趣爱好。

12. 重视环境和游戏对幼儿发展的独特作用，创设富有教育意义的环境氛围，将游戏作为幼儿的主要活动。

13. 重视丰富幼儿多方面的直接经验，将探索、交往等实践活动作为幼儿最重要的学习方式。

14. 重视自身日常态度言行对幼儿发展的重要影响与作用。

15. 重视幼儿园、家庭和社区的合作，综合利用各种资源。

一、坚持保教结合原则

《工作规程》中指出："幼儿园的任务是：实行保育与教育相结合的原则，对幼儿实施体、智、德、美诸方面全面发展的教育，促进其身心和谐发展。"一直以来，保教结合作为幼儿园教育工作的基本原则得到了广泛认同和高度重视。在《专业标准》中也对幼儿园教师提出了"注重保教结合，培育幼儿良好的意志品质，帮助幼儿形成良好的行为习惯"的要求。

幼儿园教育中保教结合包含三层意思：一是幼儿园不仅有教育问题，还有保育问题；二是幼儿园的保育工作和教育工作有着同等重要的地位；三是保育和教育必须互相结合，互相联系，互相渗透。保教结合之所以成为幼儿园教师必须执行的工作原则主要是由其教育对象——幼儿的身心发展特点所决定的。学前期的幼儿在保护生命安全的能力、身体活动能力、自我照料和独立生活能力以及识别危险物品和防御能力等方面都较差，他们缺乏生活经验，有时难以避免生活中的危险，这些都决定了幼儿园教师对幼儿所实施的教育既需要在生活上的精心照料和安全保护，也需要有必要的知识启蒙和能力培养。①

幼儿园教师怎样才能将保教结合原则贯彻落实呢？首先，要真正理解保教结合的含义，深刻理解保教结合就是要保护幼儿安全，安排好幼儿一日生活，做好幼儿的疾病预防和膳食营养，培养幼儿的良好的生活卫生习惯和良好的道德品质，帮助幼儿积累各方面的经验，发展各方面的能力。其次，幼儿园教师还需要精心设计幼儿在园一日生活的各个环节，将保教结合具体落实到日常生活、教学活动以及游戏活动等各项活动之中，真正做到教中有保，保中有教，相互渗透，有机结合。最后，幼儿园教师还应该注意和保育员以及幼儿家长的协调、配合，才能更好地将保教结合原则贯穿在幼儿园教育的方方面面。

二、遵循幼儿的学习特点

任何有效的教育都是建立在对教育对象的学习特点充分把握和尊重的基础之上。对幼儿学习特点的分析、理解、把握、遵循、运用是促进幼儿实现有效学习和健康发展的前提，是幼儿园教师组织保教活动的基础。《专业标准》中特别强调了幼儿园教师应该理解和遵循幼儿的好奇心和兴趣、重视幼儿以探索交往等实践活动为主要学习方式、重视幼儿的模仿学习等学习特点，在此基础上开展保教活动。

“注重保护幼儿的好奇心，培养幼儿的想象力，发掘幼儿的兴趣爱好。”好奇心是推动幼儿获得新知的主要动机，而想象力是创新的源泉。保护好幼儿的好奇心有助于培养幼儿的创造性思维能力，又可以让幼儿对周围的世界保持浓烈的兴趣，激发幼儿探索的愿望。幼儿时期是好奇心表现最为显著的时期，幼儿有无数个“为什么”在头脑中萦绕。幼儿园教师要充分认识到幼儿的好奇心是幼儿的年龄特点，还要注意保护幼儿的好奇心，并创设情境激发幼儿的好奇心，以此引发幼儿学习和探索的兴趣。幼儿园教师还需要充分利用

① 梅怀萍. 实施“保教结合”原则，全面提高幼儿素质[J]. 镇江师专学报(社会科学版)，1998(3).

幼儿的兴趣，通过分析幼儿的兴趣判断幼儿的发展水平，在此基础上生成适合于幼儿的教育活动，以促进幼儿在原有水平上的发展。

“重视丰富幼儿多方面的直接经验，将探索、交往等实践活动作为幼儿最重要的学习方式。”幼儿生来就有主动学习的能力，“做中学”“通过实际操作和自由探索获得直接经验”是他们最主要的学习方式。

“重视自身日常态度言行对幼儿发展的重要影响与作用。”其实，这是对幼儿的另一种学习方式——模仿学习的重视。幼儿常常通过对他人特别是成人的模仿来学习，幼儿园教师是幼儿最重要、也是最有影响力的模仿对象。在幼儿的心目中，幼儿园教师的权威性不可置疑，教师的一言一行、一举一动都被幼儿所关注并模仿，或者对幼儿产生潜移默化的影响。幼儿园教师在幼儿的心目中就像一面镜子，幼儿园教师必须注意到自身的言行对幼儿的示范作用，时刻提醒自己应该用高尚的品德，得体的言行举止对幼儿的发展产生积极正面的影响。

三、重视环境和游戏对幼儿发展的作用

《工作规程》和《指导纲要》中都对环境和游戏之于幼儿发展的重要价值给予了充分肯定，《专业标准》中也对幼儿园教师应该如何看待环境和游戏的作用做出了具体规定：“重视环境和游戏对幼儿发展的独特作用，创设富有教育意义的环境氛围，将游戏作为幼儿的主要活动。”

幼儿园的环境是指幼儿园内幼儿身心发展所必须具备的一切物质条件和精神条件的总和。它是由幼儿园的全体工作人员、幼儿、各种物质器材以及各种信息要素，通过一定的文化习俗、教育观念所组织和综合的一种动态的、教育的空间范围和场所。这种空间范围既是物质的又是精神的，既具有教育性质又具有保育性质，既是开放性的又是相对封闭的。环境作为一种“隐性课程”，不仅影响幼儿的发展，更重要的是使幼儿能够主动参与幼儿园的环境创设，让幼儿与环境产生互动效应，从而在环境中受到启迪和教育。幼儿园教师就是要创设和幼儿互动的环境、创设有利于幼儿身心健康的保教环境、建立有利于幼儿心理健康发展的人际心理环境、创设满足幼儿需求的物质环境，

引发了幼儿自主、充分的活动，幼儿通过和环境的相互作用，充分发挥自主性，展开生活，从而促进幼儿向期望的方向发展。

游戏是幼儿的主要活动，幼儿园应以游戏为基本活动。游戏能给幼儿带来欢乐和满足，促进幼儿的认知和人际交往能力以及情感发展。但游戏能否最大程度上实现其对幼儿发展的价值，很大程度上取决于幼儿园教师在其中所起到的作用。首先，幼儿园教师应该充分认识到游戏对幼儿发展的价值，将真正的游戏作为幼儿的主要活动，以这种符合幼儿天性的方式促进幼儿自由自在的发展。其次，幼儿园教师应该摆正自己在游戏中的位置，即教师是幼儿游戏的观察者、支持者、参与者，但不是游戏的设计者、主导者和干预者。再次，幼儿园教师应该提高自己支持、指导幼儿游戏的能力，如能够为幼儿的游戏提供具有多功能的材料，能够适时地参与幼儿的游戏之中而不对游戏产生不良的影响，能够恰如其分地在不破坏幼儿游戏本质的前提下将一定的教育目的融入其中等。

四、充分利用各种资源实现家园共育

《指导纲要》中指出："家庭是幼儿园重要的合作伙伴。""充分利用自然环境和社区的教育资源。"相应的，为了充分发挥家长作为幼儿园工作的合作伙伴和重要人力资源，《专业标准》也强调幼儿园教师还应该具有"重视幼儿园、家庭和社区的合作，综合利用各种资源"的意识与能力。对幼儿的教育是一项家庭和幼儿园共同的事业，幼儿园教师必须和幼儿家长建立密切的联系，和他们共同协作。作为专业人员，幼儿园教师更应该积极、主动和理性地从整合教育资源的角度，培养自己的合作精神，争取家长的支持与配合。

幼儿园教师可以从以下几方面着手提升家园共育的效果。首先，幼儿园教师多采用家园联系册、家长开放日、家长沙龙等各种方式向家长宣传幼儿园的保教工作，不但可以拉近与家长的情感距离，而且可以让家长有机会充分了解幼儿园教育情况；其次，幼儿园教师应该挖掘家长中的教育资源并有效利用，创造机会让家长发挥其独特的优势甚至参与到班级管理工作中，都可以激发家长参与家园共育的兴趣；最后，幼儿园教师还应该提高自己的资源整合能力，知道怎样将家长和社区等各方面的资源有机整合到自己的保教工作中为我所用，为幼儿的发展服务，而不把家园合作、家园共育仅仅停留在形式上。

第五节　个人修养与行为

"个人修养与行为"领域是从幼儿园教师的个性品质、人格特质以及心理健康等个人修养的角度对合格的幼儿园教师所应该具备的专业理念和师德进行了规定。幼儿园教师的个人修养在这里主要体现为胜任本职工作所必须具备的性格特征、积极的心理倾向、创造性的认知方式、丰富的情感、坚强的意志、高尚的道德品质以及规范的行为方式等人格特征的综合体。《专业标准》中主要对幼儿园教师必须具有的良好的个性修养、健康的心理状态、乐于学习的品质等做了具体规定。具体内容如下：

16. 富有爱心、责任心、耐心和细心。
17. 乐观向上、热情开朗，有亲和力。
18. 善于自我调节情绪，保持平和心态。
19. 勤于学习，不断进取。
20. 衣着整洁得体，语言规范健康，举止文明礼貌。

一、良好的个性修养

良好的个性修养不但是幼儿园教师顺利开展保教活动的必要条件，而且也会对幼儿的性格特征产生潜移默化的影响。幼儿园教师必须具备的良好性格特征主要包括"富有爱心、责任心、耐心和细心"和"衣着整洁得体，语言规范健康，举止文明礼貌"。

爱心是幼儿园教师对幼儿实施教育的基础和前提，耐心和细心是中心环节，它关系到教育过程的成败和教育效果的高下。"幼儿园教师面对幼儿时必须心中有爱，时常展现笑容，和蔼可亲，选择适合幼儿的好教材，寻找适宜的学习方法，糅合在幼儿世界里，开放自己的感情，这些是孩子最需要和喜爱的。幼儿园教师不会对幼儿失望，也绝不轻易放弃，会寻找各种幼儿的学习方法并注意个别差异。教师情绪稳定，不会乱发脾气，那么自然会建立起相互信赖的师生关系。一个深受幼儿信赖、喜爱和仰慕的老师，必如置身于天使之中，享受着工作的乐趣。"①

责任心是幼儿园教师职业专业特质的体现之一，一方面，幼儿园教师作为一个专业人员，是代表社会对幼儿实施符合既定社会目标的教育，代表社会来履行教育职责；另一方面，由于幼儿园教师专业的服务对象是处于成长中的幼儿，对幼儿的身心健康发展富有极大的责任。幼儿园教师应该在对自身专业的社会价值认同基础上产生内在的情感和责任心，真正认识到自己"从事的是关系到社会发展和民族、国家的未来，关系到每个人的生命价值和每个家庭的希望与幸福的重要社会事业"②，激发对自己从事事业所负责任的意识。

幼儿园教师的形象应该是令幼儿敬慕的，是幼儿心中美的化身，善的代言，真的模范。幼儿园教师每天都是以核心人物和重要他人的身份亮相在幼儿面前，接受着幼儿细致敏锐地"监督和检阅"，幼儿园教师衣着打扮、言行举止都成为幼儿模仿的对象。这就要求幼儿园教师在外表上要衣着端庄、整洁、大方，又不失活泼可爱，既能受到幼儿喜爱，又符合其教师的职业特点和社会身份，不能追求过分的个性化、浮华、艳丽、时髦，更不能邋遢、暴露等。当然，除了外表之外，幼儿园教师在园内外的言行举止也应该充分体现"为人师表"的表率作用，切忌语言粗俗、行为不检。所谓"善教者，使人继其志"，也就是强调幼儿园教师应当让幼儿在吸取教师学识的同时，通过仿效教师的优良行为而获得更好的发展。

---

① 这是一位75岁的幼儿园教师曾慧英对爱心、耐心和细心的心得体会，很好地诠释了幼儿园教师应该如何发挥自己的爱心、耐心和细心。转引自：张燕．幼儿教师专业发展[M]．北京：北京师范大学出版社，2006：109.

② 叶澜．创建上海中小学新型师资队伍决策性研究报告[J]．华东师范大学学报(教育科学版)，1997(1).

二、健康的心理状态

健康的心理状态不仅影响着教师自身的身体健康、生活幸福和职业生涯的发展状况，也会直接影响到幼儿的心理状态。因此，幼儿园教师的心理健康作为教师专业人格中的重要部分引起了高度重视。《专业标准》中特别强调幼儿园教师要“乐观向上、热情开朗，有亲和力”，并且“善于自我调节情绪，保持平和心态”。

幼儿园教师面对的对象是幼小而心灵敏感脆弱的幼儿，从事的保教工作平凡而琐碎，在年复一年周而复始的工作中，如果幼儿园教师不能以积极乐观的心态去面对工作，必然会因为烦琐的劳累带来心理的抑郁，但一旦幼儿园教师表现出这种消极的心理状态，就一定会影响到幼儿的心理状态，一个压抑而阴郁的教师绝对教不出活泼开朗的幼儿。因此，幼儿园教师必须随时调动自己的激情，以开朗、包容、乐纳的心态面对生活和工作中的困难，以平和、积极的心态面对幼儿，用自己阳光、热情的心理去影响和感染幼儿。

善于调节自己的情绪并使自己的情绪处于稳定的状态，也是幼儿园教师需要具备的专业个人修养。稳定的情绪不但会影响到幼儿园教师自身的心理状态和教学效果，也对幼儿安全感的形成有重要意义。发展心理学研究表明，在儿童生活中对他们有重要影响的人如果对他们持有一致的态度，有利于幼儿形成健康的人格。情绪起伏不定的教师只会让幼儿无所适从，缺乏安全感。情绪稳定也可以帮助幼儿园教师保持教育的自信，使教育工作永远处于一种朝气蓬勃的氛围之中。

教育工作还是一个具有应激性的职业。① 幼儿园教师随时要面对来自幼儿、家长、同事以及自身家庭等各个方面的各种各样的要求，这些要求不尽合理甚至有的时候是互相冲突的，难免会让幼儿园教师感到烦恼和压力，从而带来情绪上的波动，这就要求幼儿园教师要具有心理调控能力，通过身体锻炼、做自己喜欢做的事情等各种方式舒缓自己的压力和紧张，调节自己的情绪，使自己的情绪基本处于一个稳定平和的状态。

---

① 董淑花. 新课程改革视野下的教师专业素质建构初探[D]. 成都：四川师范大学，2006：44.

三、乐于学习的品质

现代教师观认为“教师不是一个已经学会了如何教学的人，而是一个不断地向教学实践学习的人。”即把教师专业发展看作是教师在参与和实践中学习，在教学工作中提升的过程，将教师专业素养看作是一种植根于教学情境的实践表现。① 基于这样的理念，《专业标准》中将不断地进行专业学习作为幼儿园教师的个人专业素养做出了明确规定：“勤于学习，不断进取。”

幼儿园教师只有具有了主动发展的意愿并自觉地进行学习，才能使得自己的专业素养在实践中不断得以提高和完善。学习是幼儿园教师专业发展中最具活力的因素，幼儿园教师也必须具备学习的意识和能力，才能在变化的社会中应对教育对其提出的各种挑战。作为一种成人学习，幼儿园教师的学习是一种经验性的、行动式的、基于问题的学习。教师本人是学习的绝对主体，以解决幼儿园保教工作中的实际问题为原点，通过选择与之相适应的内容、采取有效的学习方式与策略，并以提高保教工作的水平为主要目的。幼儿园教师学习的不仅仅是理论性知识，更主要的是实践性知识以及实践策略，以便运用这些知识和策略去分析、研究、解决实践中的问题。在这种主动学习中幼儿园教师自觉承担了专业发展的主要责任。

幼儿园教师还应该认识到，教师的学习不仅仅是自己个人的学习，更是置身于“学习共同体”当中的学习，是一种合作学习——表现为教师个人和群体之间为达到某一确定目标，彼此通过协调作用而形成的联合行动。在合作学习中，幼儿园教师作为学习的主体，与其他教师、园长、教研员、专家等相关人员通过开展观摩、交流对话、研讨互助等形式获得经验并得到发展。合作学习不仅实现了幼儿园教师最大化的共同发展，而且有助于他们在教育实践中得到及时的反馈与改善。要实现合作学习的目标，幼儿园教师就要以一种开放、包容的心态融入到学习共同体之中，共同营造信任、合作、互助的氛围与文化，并且明确个体在共同体中承担的责任，积极参与和互动，达到个体学习与群体学习双赢的目的。

---

① 张勇．论教师学习的内涵与特点[J]．天津市教科院学报，2011(5)．

第四章　幼儿园教师的专业知识

【导读】幼儿园教师的专业知识是其专业素质的重要组成部分，体现着幼儿园教师作为一种专门化职业的独特性和不可替代性。它既是每一位幼儿园教师必须具备的知识，又是其“专业理念与师德”和“专业能力”的认知基础。《专业标准》将教师的专业知识分为“幼儿发展知识”“幼儿保育和教育知识”“通识性知识”三个部分。本文在对幼儿园教师“专业知识”的内涵、结构与发展进行阐释的基础上，对幼儿园教师所应具备的三方面知识进行了分析。

第一节　幼儿园教师专业知识的内涵、结构与发展

专业知识是教师专业素质的重要组成部分，是教师专业发展的核心内容之一。幼儿园教师的专业知识体现幼儿园教师作为一种专门职业的独特性与不可替代性。它不仅是教师从事保育教育工作所必须具备的智力资源，而且，其丰富程度和运用情况也直接决定着教师专业水平的高低。

一、幼儿园教师专业知识的内涵与构成

知识是什么？至今仍是一个见仁见智的问题。当前，人们倾向于把知识看作是人类在实践中总结归纳，并认为是真实正确的、可以指导解决实践问题的经验，这些经验可以被呈现为事实、概念、程序和原理。

根据对知识的这种理解，专业知识可以被界定为在特定专业领域里被实践证明是真实准确的、可以指导解决该领域的实践问题的经验。从业者要胜任这一专业化的职业，就必须具备这些知识。

专门化的职业(即“专业”)的根本特征是具有不可替代性。1966年联合国教科文组织和国际劳工组织发布的《关于教师地位的建议》，提出：“应把教育工作视为专门的职业，这种职业要求教师经过严格地、持续地学习，获得并保持专门的知识和特别的技术。”教师职业就是这样一个具有不可替代性的专业。

教师的专业知识是胜任教育教学工作所必须具备的知识，是被教育实践证明了的、真实准确的、可以指导教育教学实践中的问题的经验。专业知识是教师成为专业人员的条件，也是教师的专业信念和专业能力的基础。

国内外不少研究者围绕“教师应该具有哪些知识”，即教师专业知识的内涵与结构问题进行了深入的研究，提出了各自的观点。综合起来可以认为，教学内容(学科)知识、教学方法(策略)知识、学生的知识、一般文化知识等是教师专业知识的基本要素，而这些知识既可以是理论性的，也可以是实践性的。

幼儿园教师作为教师队伍的组成部分，同样需要具备一定的专业知识作为胜任幼儿保育教育工作的条件和保障。然而，由于服务对象的特点以及由此带来的幼儿教育工作的特殊性，幼儿园教师的专业知识也有了自己的相对独特性。

在教育部颁布的《幼儿园教师专业标准》中，教师的专业知识由“幼儿发展知识”“幼儿保育和教育知识”“通识性知识”三个部分组成，这三个部分知识既是每一位幼儿园教师必须具备的知识，又是其“专业理念与师德”和“专业能力”的认知基础。它们在理论上可以相对独立，但在实践中却紧密联系、相互融合。

二、幼儿园教师专业知识的特点

幼儿教育领域的专业知识，尤其是幼儿发展知识和保育教育知识是被幼儿教育实践证明是真实准确的、可以指导解决幼儿保教工作中的实际问题的

"理论性"知识。这些理论性知识只有被幼儿园教师真正理解、掌握并能恰当、灵活地运用于教育工作实践时，才能成为幼儿园教师"自己的"知识。由此可见，作为教师的专业知识(而不是作为客观的幼儿教育学科的专业知识)是有其自身的特点的，教师的专业知识是一个不断发展的过程。

(一)个体性

教师的专业知识既具有普遍性，更有着鲜明的个体性特征。说它具有普遍性，因为教师所学习的专业知识(如幼儿发展的事实、幼儿教育的原理、各种幼儿学习与发展的学说、理论等)是社会、特别是幼儿发展研究和幼儿教育领域长期积累而成的"公共知识"；说它具有个体性，则是说作为教师个体的专业知识不是外在的、理论形态的"公共知识"的简单内移——无论是幼儿发展知识、保育教育知识，还是作为教学内容的科学与人文知识，都只有经过教师的理解才能逐步内化建构为自己的知识。教师个体的经验背景不同，所建构的专业知识可能会表现出较大的差异。

(二)实践性

教师个人的专业知识具有很强的实践性。保育教育实践是教师建构专业知识的基本舞台。教师所学习的专业知识只有在运用于保育教育实践、通过与教育实践行为之间的不断互动而被实践证实后，才能变成个人所拥有的、真正信奉并能在实践中应用的知识。可以说，教师的专业知识是"公共知识个体化"或"理论知识实践化"的产物。

此外，教师在保教实践中所获得的具体经验经过反思、综合、提炼，也可以创造出新的专业知识，只是这些新知识往往不是抽象的"理论"，而是与教育实践紧密相关的、镶嵌在一个个生动案例中的"具体知识"，是由许多此时此地"是什么""为什么""怎么办"构筑而成的经验汇集。这些来自保育教育实践的经验在解决实际问题时往往十分有效，构成了教师的"教育智慧"。

(三)缄默性

教师个体的专业知识既包括可以"说出来"的显性知识，也包括无法言传但却能影响和支配其行为、在行为中表现出来的隐性知识，即缄默知识。缄默知识与教师知识的实践性密切相关。保育教育工作是一种特殊的实践活动，具有高度的“情境性”，教师常常需要视教育“现场”中的各种因素而灵活决定自己的行为，在这一过程中，教师自然也会对各种情境应该怎样做产生一些体会和心得。这种“视情境而定”的知识是教师个人在长期的教育实践中积累起来的“直觉判断”经验，它能够使教师迅速做出“应该怎样做”的决定，但却不一定能说出“为什么这样做”①。

(四)整合性

虽然教师的专业知识由多个成分所构成，但正如舒尔曼在提出学科教学知识(Pedagogical Content Knowledge，PCK)概念时所指出的，学科内容知识和一般教学法知识都不足以支撑具体的教学，因此有必要对其进行整合。而学科教学知识就是“教师对所教的学科内容和教育学原理有机融合而成的对具体课题、问题或论点如何组织、表达和调整以适应学习者的不同兴趣和能力以及进行教学的理解”②。也就是说，是学科知识、教学方法知识、学生知识和情境知识的特殊合金。同样，幼儿园教师的专业知识本质上也并非是各种单独存在的知识体系的大集合，而是多种类型的知识在保育教育实践中融合而成的知识系统。

三、幼儿园教师专业知识发展的基本路径

教师专业知识的上述特性告诉我们，“教师知识并不是学科理论知识的积累，而是教师在教学实践中形成和发展的理论与实践相结合的复合式个人知识”③；教师知识的发展是个体的主动建构过程。这个过程既需要通过阅读、听讲等方式吸纳“公共知识”，更需要在真实而生动的教育教学情境中、通过

---

① 以上几点根据邵光华的有关著作和论文整理。参见：邵光华．教师专业知识发展研究[M]．杭州：浙江大学出版社，2011：19-22；邵光华．个人知识观下的教师专业知识发展研究[J]．宁波大学学报(教育科学版)，2008(2)：68-72.

② 冯茁，曲铁华．从PCK到PCKg：教师专业发展的新转向[J]．外国教育研究，2006(12)：58-63.

③ 周金虎．基于教师知识结构的教师培训研究[J]．国家教育行政学院学报，2011(5).

对实践的反思，将教育理论转化为自己的教育理念和实践智慧，进而创造性地解决复杂变化的教育实践问题的新知识。

那么，应该如何不断发展幼儿园教师的专业知识?

(一)树立终身学习的理念，主动学习新知识

学习是贯穿每个人一生的过程。今天，人类没有“一劳永逸地获取知识”的可能性了，“终身学习如何去建立一个不断演进的知识体系”①已经成为所有人必须面对的问题。教师更应首当其冲地接受并践行终身学习的理念。幼儿园教师的职业生涯同样是“一个永无止境的完善过程和学习过程”。特别是在婴幼儿发展研究，尤其是脑科学研究成果不断涌现，幼儿教育的理论知识不断更新，先进的保育教育实践经验不断推出的情况下。及时获取有关幼儿发展、保育教育、科学与人文方面的新知识，更新和完善自己的专业知识是教师专业发展的重要方面。而树立终身学习的观念，自觉主动地吸纳新知识，在运用新知识于保育教育实践的过程中逐渐理解、转化新知识，是更新、完善专业知识的重要途径之一。

(二)加强和同伴的交流与合作

教师的专业知识具有个人性和默会性，但这并不意味着教师之间不需要交流和难以交流。这种交流既可以通过对话讨论等语言形式进行，也可以通过现场观摩、建立“师徒关系”的方式进行。

在幼儿园教师专业知识的发展中，教师团体的互动十分重要。瑞吉欧教育的代表人物马拉古齐认为教师“必须放弃孤立、沉默的工作模式”，开展团队学习。在这里，教师每周都有一定时间用于教师之间的交流讨论，协商解决教育实践中出现的问题，了解、分析幼儿的表现，观看教学档案，争论各种教育问题。从一定意义上讲，瑞吉欧教育的成功应归结为教师的高水平，而其专业水平又应归结为团队学习的结果。透过教师之间的相互对话，使个人的思想在团体中相互交流、相互激荡、相互碰撞，彼此影响，从而提高团

① 联合国教科文组织国际教育发展委员会编著．学会生存——教育世界的今天和明天[M]．北京：教育科学出版社，1996：2.

队的洞察力，并产生新的见解。因此，幼儿园应当积极营造“学习型组织”，在这样的组织中，每位教师都有扩展其能力的空间，都有锐意思考的心态、都有探究未知事物的强烈动机。

(三)在实践中反思

对幼儿园教师来说，通过获得新信息来丰富专业知识固然重要，但更为重要的是反思实践，积累实践经验，发展自己的实践性知识。

波斯纳曾经提出过一个公式：教师的成长＝经验＋反思。经验即教育实践的经历，这种经历与反思的结合，有助于教师发现并分析自身的知识结构和教育教学实践中的问题，有针对性地加以补充和改进。同时，也有利于理论知识向实践知识、公共知识向个人知识的转化。教育实践是鲜活的、变化的，具有情境性和不确定性的，而教育理论则往往是抽象的、概括的、相对呆板而且相对滞后的。一般性的理论知识用以应对具体生动的教育实践显然是不充分的，需要教师随时运用自己的经验进行加工改造，以“生产出”在实践中易于应用的知识。在这个过程中，教师不断将所生产的知识与用于实践后的效果加以对照，经过反思、总结、改进、再实践的往复过程，验证知识、巩固知识，从而为自身专业知识的持续发展提供源泉。

第二节　幼儿发展知识

几乎所有关于教师专业知识结构的研究中，“关于学生的知识”(包括了解学生的身心的发展规律、学习的特点、学生已有的经验等)都是必不可少的组成成分，对于幼儿园教师而言，幼儿发展知识更是处在其知识结构的核心位置。

一、幼儿发展知识对教师的意义

幼儿园教育与中小学教育相比，最大的不同首先在不以传授系统的知识技能为主要目的，而把培养身体、认知、情感、社会性等各方面和谐发展的“完整的儿童”作为根本任务。“以幼儿发展为本”是幼儿园教育的突出特点，它不仅集中体现在教育目标和任务中，也反映在保育教育工作的所有方面，是指导幼儿园教育实践的一项基本原则。因此，对于幼儿园教师来说，掌握幼儿发展的知识，全面了解幼儿，了解他们的年龄特征、身心各方面发展的规律、获得经验的方式与特点等，不仅是顺利工作的“条件”，更是开展工作的“根本”。

(一)幼儿发展知识有助于教师形成正确的儿童观和教育观

儿童观是教育的基石。对幼儿、对幼儿期的价值、对幼儿的学习与发展的正确看法是幼儿园教师教育理念的核心，是其教育行为的“指挥棒”。而幼儿发展知识则是现代儿童观的重要基石，对教师正确认识儿童、认识儿童的基本权利、正确理解幼儿教育无疑有着积极的促进作用。

例如，大量儿童发展研究发现，儿童从出生时起就表现出各种主动的行为，他们满怀好奇地去探究周围环境，尝试用自己的经验来解释世界，逐渐发展着对世界的认识。特别是皮亚杰关于儿童是如何在最初所具备的动作“图式”的基础上，在与周围环境相互作用的过程中，不断通过“同化”“顺应”“平衡化”而主动建构起自己的知识结构和认知结构的研究，从根本上改变了人们对儿童、对儿童的学习与发展的看法，也改变了教师对儿童在教育过程中的地位的看法，真正确立了儿童是一个主动的学习者、是学习主体的观点，也根本改变着人们对学习、对教学的看法。

(二)幼儿发展知识是保育教育工作适宜性和有效性的根基

幼儿园保教工作是为促进幼儿身心全面和谐发展服务的。而儿童发展研究揭示，幼儿的学习能力极大地依赖于自身的发展水平，适合他们学习的内容也在很大程度上取决于其学习方式。幼儿身心发展的需要、规律和特点是制约幼教工作的适宜性和有效性的核心因素。幼儿园保教并重的教育任务，身心全面和谐发展的教育目标，直观经验性的课程内容，游戏化、生活化、活动化的教学方式，通过环境而潜移默化的教育策略等，无一不是幼儿身心发展规律和特点在幼儿教育中的反映。正是基于幼儿身心发展与学习的特点，维果茨基指出，幼儿园教学中存在着若干个由儿童发展的年龄特征所制约的

“极限点”，由于这种“极限点”的制约，3 岁前儿童只能按“自己的大纲”学习，学龄儿童可以按“老师的大纲”学习，3～6 岁儿童的学习则由“把老师的大纲变成自己的大纲”的程度而定①。

由此可见，对幼儿的正确认识、对其身心发展规律的理解是一切教育得以成功的关键。

二、教师必备的幼儿发展知识

按照《专业标准》的要求，幼儿园教师必须具备的“幼儿发展知识”可以归纳为四个方面：幼儿身心发展的一般规律、发展的年龄特征与个体差异、发展中的常见问题和有关儿童生存发展权利的法律法规。

（一）幼儿身心发展的一般规律

幼儿的生理和心理发展是随着其年龄的增长而逐渐成熟和完善的。身心各方面的发展变化有规律可循。幼儿身心发展一般规律的知识回答的是“什么是发展？发展是怎样一个过程？遵循着什么样的方向和路线？哪些因素影响发展?”等基本而重大的问题。掌握这些知识是教师把握保育教育工作的方向、原则的前提。例如，大量研究揭示，幼儿的认知发展经历着一个从感知运动智力（或称直觉行动思维）向前运算智力（具体形象思维）、再向具体运算智力（萌芽状态的抽象逻辑思维）发展的过程，这个顺序是不可逆转、也不可逾越的。不按照这样的规律实施教育不仅不能有效地促进幼儿的学习与发展，反而可能带来伤害。例如，幼儿的认知活动带有明显的具体形象性特点，利用感知和动作与周围事物直接相互作用是他们获得经验的基本途径，表象（事物形象）是其经验的主要储存方式，也是其思维的基本工具。超越幼儿具体形象思维的特点而强制教授一些过于概念化的、抽象的内容，只能导致死记硬背，甚至可能败坏幼儿的学习兴趣，摧毁其自信心。

---

① ［苏］维果茨基．维果茨基教育论著选［M］．余震球，选译．北京：人民教育出版社，1994：378-379．

（二）幼儿发展的年龄特征和个体差异

年龄特征代表着特定年龄阶段多数儿童的发展水平和状况。幼儿的年龄特征在很大程度上制约着他们的学习，决定着他们适合学什么、适合怎样学？只有深刻地了解和把握幼儿身心发展的年龄特征，教师才有可能真正理解幼儿教育的原理、原则，并自觉地将其贯彻到幼儿教育实践。

幼儿之间的个体差异反映发展的多样性。每个儿童由于生物因素和环境条件及经历的不同，必然会形成发展的个体差异。这种差异既可能表现在发展的速度、水平和优势领域方面，也反映在智力和各种非智力因素方面。教师必须用发展的、积极的眼光看待差异，才能真正做到尊重每个幼儿的发展权。

多元智能理论的创始人加德纳对智力差异的态度值得学习，他不是简单地将智力差异看作是“等级性”的，而是将它视为“结构性”的，也就是说，每个人都有自己的优势智力和独特的智力组合，都有自己的特点和风格，只要能发现和识别每个儿童的智力潜力和特点，就可以用适合其风格和特点的方式来促进学习与发展，因此，不存在所谓“差生”和不适合教育的儿童，只存在不适合儿童的教育。教育的目的就是发现和识别每个儿童的智力特点，因材施教，以长补短，长善救失，帮助他们实现富有个性特色的全面发展。

（三）发展中的常见问题与有特殊需要的儿童

有的幼儿在发展过程中可能会出现一些问题。这些问题中有些有先天原因，有些则源于养育教育不当。幼儿发展中的常见问题既有生理方面的，如视听障碍、肥胖等，也有心理或行为方面的，如情绪焦虑、恐惧、过度依恋；任性、退缩、孤独；多动、攻击；口吃、挑食、遗尿等。① 实践证明，幼儿园教师具有了有关知识之后，甚至能够先于家长和医生而发现班上幼儿在体能、情绪及心智行为方面存在的潜在问题。② 这些问题或障碍发现得越早，

---

① 金英．儿童发展中常见心理行为问题分析[M]．教育导刊，2009(4)：30.

② J. Hendrick．幼儿全人教育[M]．林翠湄，等，译．台北：心理出版社，1997：619-620.

越能早干预、早治疗，效果也就越好。当然，其中有些问题不是教师自己或者家园合作能够解决的，但可以向家长提出请医生诊断和治疗的建议。

同时，随着《儿童权利公约》精神的普及，进入正常的幼教机构接受教育作为特殊幼儿的一种权利逐渐被社会认可。了解和掌握一些有关特殊幼儿的发展特点、需求和保育知识也开始成为对幼儿园教师的基本要求。

(四)与儿童生存发展权利有关的法律法规

联合国《儿童权利宣言》指出："儿童因身心尚未成熟，在其出生以前和以后均需要特殊的保护和照料，包括法律上的适当保护。"《儿童权利公约》进一步明确了每个儿童都拥有生存权；充分发展权；免受有害影响、虐待和剥削权；充分参与家庭、文化和社会生活权等基本人权。同时提出了"不歧视；致力于实现儿童的最大利益；生命、生存和发展权利；尊重儿童观点"四项核心原则。《儿童权利公约》中阐述的每项权利都是每个儿童的人性尊严与和谐发展所固有的。我国也根据国际公约的基本精神，制定了《未成年人保护法》《教育法》《母婴保健法》《幼儿园管理条例》《幼儿园工作规程》等法律法规和政策，以保护儿童的基本权利，促进他们健康成长。作为幼儿园教师，应该了解这些法律法规与政策的主要内容和基本精神，将保护儿童的基本权利视为自己的责任和义务。

第三节　幼儿保育和教育知识

幼儿保育和教育知识即幼儿教育的基本原理，涉及幼儿园教育的目标、内容、途径、方法、策略等基本知识。

一、幼儿保育和教育知识对教师的意义

对于幼儿园教师来说，幼儿发展知识解答的主要是幼儿的学习与发展规律、特点"是什么"和"为什么"的问题，但这些知识怎样运用到幼儿园保教工作实践中？科学的幼儿园保育和教育实践应该是什么样的？怎样做才是适宜的、有效的？解答幼儿园教育实践中这类"什么样"和"怎样做"的问题，是保

育和教育知识的任务。如此，保育和教育(以下简称保教)知识对幼儿园教师的重要性就不言而喻了，它向教师们展示了一个可以作为理想去追求的幼儿园保教工作“样式”，同时也提供了一个可资借助的通向理想的实践阶梯。

(一)保教知识指导着教师的保教实践，进而影响幼儿的成长

幼儿园教师的基本任务是保育和教育好幼儿，使他们身心健康地成长。国内外大量研究表明，幼儿园儿童的学习与发展状况直接受教师的教育行为的影响，而教师的保育教育知识指导着他们的保教行为。例如，幼儿园的保育教育目标是什么？怎样培养幼儿良好的生活习惯？什么内容适合幼儿学习？学到什么程度是适宜的？怎样的教育方式有利于幼儿学习和建构知识？幼儿园的教学与小学有什么区别与联系？怎样才是在为幼儿的终身学习与发展奠定基础？幼儿保育教育知识能给教师比较清晰的回答，让教师知道“应该做什么”“应该怎样做”“怎样做是正确的”。掌握、理解这些知识的程度往往影响着教师的判断和选择进而影响他们的保育教育工作实践。目前较为普遍存在的“幼儿教育小学化”的问题，不能说与教师的保教知识不足完全没有关系。

(二)保教知识是教师保教能力形成的基石

幼儿园教师的保教能力一定是建立在扎实的保教知识的基础之上的。虽然保教知识不等于保教能力，从知识到能力的转换需要一定的条件与前提，但没有扎实的保教知识为基础，保教能力就成为无源之水，无本之木。保教知识不仅提供了“应该做什么”和“应该怎样做”的具体内容与方法，而且包含着对“为什么这样做”的解释，因此，有助于提高教师保教实践的自觉性，帮助其成为一个理性的实践者，并为教师科学而创造性地开展工作提供理论依据。例如，当教师真正理解了游戏对幼儿的学习与发展的意义，以及游戏材料为什么能够促进幼儿的学习与发展的道理之后，就可以运用这些知识去分析当地的传统民间游戏，发掘周围可资利用的材料，因地制宜地为幼儿创造各种条件，支持、引导他们的游戏活动。而幼儿教师的专业能力也会在其创造性地运用这些知识的过程中得到提高。

二、教师必备的幼儿保育和教育知识

《专业标准》中教师必备的幼儿保育和教育知识涉及五方面的内容：幼儿园教育的目标、任务和基本原则；幼儿教育的内容、途径与方法；幼儿卫生保健与安全；了解幼儿学习与发展的基本方法；幼儿园与其他阶段的教育衔接。

(一)幼儿园教育的目标、任务和基本原则

幼儿园教育的目标是国家对幼儿园提出的培养人的规格和要求，它指明了幼儿教育的基本方向，是教师工作的指南针和方向盘。教师必须正确理解和把握幼儿园教育目标的内涵，将其转化为内在的“教育观念”并用于指导和检核、反思自己的行动，使其始终保持正确的方向。

幼儿园的任务是幼儿园性质和功能的具体体现。《幼儿园工作规程》规定，幼儿园具有双重任务：“实行保育与教育相结合的原则，对幼儿实施体、智、德、美诸方面全面发展的教育，促进其身心和谐发展。幼儿园同时为家长参加工作、学习提供便利条件。”幼儿园的双重任务决定了教师工作的独特性：既要保育教育好幼儿，又要服务好家长。只有理解了这种独特性，树立双重服务的意识，同时明确“为幼儿”和“为家长”服务的具体内容，才能成为一个合格的幼儿园教师。

幼儿园教育的原则是幼儿园教师必须遵守的基本要求。“保育与教育相结合”是幼儿园教育总的特殊原则。“以游戏为基本活动”“透过环境的教育”“教育渗透于一日生活”等则可以说是保教工作的具体原则。这些原则反映了幼儿发展的需求，体现了幼儿园教育以幼儿发展为本的思想。在这些“特殊”原则之上，幼儿园教师还必须遵循所有那些与儿童有关的“普适性”原则，如“尊重儿童的人格尊严”“保障幼儿的合法权益”“儿童利益最大化”等。这些原则是国际准则，是成人的义务，作为教师更应该将其转化为自己的“信念”，时刻践行。

(二)幼儿园教育的内容、途径与方法

幼儿园应该教什么？应该怎样教？这是关系到幼儿教育目标能否实现的根本性问题。幼儿园教育的特殊性在于，幼儿不是像中小学生那样借助于“课

本”来学的，教师手中也没有国家审定的“教材”。正如陈鹤琴先生所说，对于幼儿来说，大自然、大社会就是“活教材”。因此，对于幼儿园教师来说，如何从大自然大社会中选择幼儿感兴趣的、富有教育价值的内容来支持、引导学习，是一件不容易的事。加之幼儿身心发展的年龄特征，使之学习方式也有自己的特点。根据幼儿发展的特点和国家的幼儿教育目标，《指导纲要》对如何选择教育的内容、如何组织幼儿园的教育活动等问题都作了原则性的规定，教师必须深刻理解这些规定，并在自己的教育实践中灵活地运用。幼儿园教师关于教育内容、途径与方法的知识是一种综合性的知识，包含着幼儿学习所涉及的各内容领域的知识，幼儿该领域的学习特点与发展规律的知识，该领域幼儿教育教学方法和策略的知识，以及如何有机地将不同领域的学习整合于一个幼儿感兴趣的“主题”或生活事件，如何将学习自然地融入游戏材料、游戏情境之中的知识。这种知识相当于舒尔曼等人提出的中小学教师的PCK或PCKg，但就其复杂与整合程度而言更超过它们。因为还涉及幼儿园环境创设、一日生活安排、游戏、班级管理等。

如果说，有关幼儿园教育目标、任务、基本原则等方面的知识武装了教师的“灵魂”的话，那么，幼儿园教育内容、途径、方法的知识则为教师提供了开垦幼教园地、培植祖国幼苗的“工具”。

(三)幼儿卫生保健与安全知识

幼儿的身心发育很稚嫩，他们在身体活动、自我照料和独立生活等方面缺乏相应的生活经验，这就需要教育者精心的呵护和照料。教师只有掌握了基本的卫生保健和疾病预防等知识，才能指导和配合保育人员做好保育工作。在幼儿园实践中，由于教师具有常见疾病的基本知识，及时发现幼儿的疾病、及时采取适当措施应对突发事故的情况并不罕见。教师的卫生保健知识为孩子们增加了一张保护网。

近年来，社会经济的飞速发展为人类的安全提供物质基础，但是同时增加了很多安全隐患。经验和能力不足的幼儿往往成为首当其冲的受害者。对于幼儿教师来说，增强安全与保护意识，“熟知幼儿园的安全应急预案，掌握意外事故和危险情况下幼儿安全防护与救助的基本方法”极为必要和紧迫。

(四)了解幼儿学习与发展的基本方法

尽管教师可以从教科书及各种书刊杂志中获得有关幼儿身心发展以及幼儿学习特点的系统而有价值的知识，但必须承认的是，幼儿发展知识尽管奠定了教师理解儿童、理解儿童学习与发展的理论基础，但这些知识又是有一定局限的，因为它所描述和展示的幼儿和幼儿发展是标准化的、带有一般性特征的，而教师在教育实践中所面对的却是非标准化的、鲜活生动、带有明显个性特征的幼儿。因此，教师不能简单套用这些知识，还需要掌握一些了解幼儿的基本方法，如观察法、作品分析法、调查法等，以便获得关于幼儿的具体而生动的信息。运用所学知识分析这些信息不仅能够帮助教师深入理解这些幼儿的特点、需要，有针对性地进行教育引导，也可以丰富教师的幼儿发展知识、加深对幼儿发展规律和特点的理解。

(五)幼儿园与其他阶段的教育衔接

儿童的学习与发展是一个连续的过程，儿童的教育也应该具有连续性。《指导纲要》明确指出，“幼儿园教育要与0～3岁儿童的保育教育以及小学教育相互衔接”。为了给儿童提供具有连续性、协调性的学习经验，《专业标准》要求幼儿教师要“了解0～3岁婴幼儿保教和幼小衔接的有关知识与基本方法”。

0～3岁幼儿的保育教育大多是在家庭当中进行的，因此，幼儿园与0～3岁儿童的保育教育的衔接更多体现为与3岁前幼儿家庭教育之间的衔接。为此，教师要了解3岁前儿童与3～6岁儿童在身心发展特点上的共性和差异，明确幼儿在入园适应时可能存在的常见问题以及克服入园适应问题的方法，以便提前指导家长做好入园准备，减少分离焦虑和其他适应中的困难。

幼儿园教育的任务之一是为入小学学习做好准备。为此，幼儿园教师要了解小学与幼儿园在教育目的、内容、组织形式上的差异；了解小学教育对幼儿入学准备的要求，正确理解“准备”的内涵，帮助幼儿在认知能力与基础知识、学习态度与习惯、社会适应等方面打好基础，以便更加顺利地完成向小学的过渡。①

---

① National Education Goals Panel. The Goal 1 Technical Planning Subgroup report on school readiness. Washington，DC：September 4，1991.

第四节 通识性知识

这里的通识性知识主要指的是一定的自然科学和人文社会科学知识。对于中小学教师来说，通识性知识与教学内容没有直接关系，是所教学科知识之外的自然与人文知识，但对于幼儿园教师来说，通识性知识与教学内容却有着密不可分的联系，它常常成为教师的"教学内容知识"。

一、通识性知识对幼儿园教师的意义

(一)通识性知识是幼儿园教师必备的"教学内容知识"

通识性知识(即科学与人文知识)对于中小学教师来说，基本属于所教学科知识之外的、用于提升自身整体素质的内容。但对于幼儿园教师来说，它既关乎教师的一般文化素养，又属于教师的"教学内容知识"。

在中小学教师专业标准中，"学科知识""学科教学知识"是教师专业知识的核心成分。幼儿园教师专业标准中，这些内容没有作为教师专业知识的组成要素独立提出。这固然反映出幼儿教育的特点——不以引导幼儿学习和掌握系统的学科知识为任务，而是以促进幼儿身体、认知、情感、社会性的全面发展、培养"完整的儿童"为基本价值导向。但却不能因此认为幼儿园教师不需要学科知识，不需要掌握一定的与教学内容有关的知识。道理非常简单，因为幼儿不是在真空中发展的，他们的任何学习活动、与环境中任何事物的接触和相互作用都必然会涉及"知识"，而作为幼儿学习的支持者、合作者、引导者，教师自身必须具备蕴含其中的"内容知识"，否则，也是难以胜任幼儿园教育教学工作的。

在一项研究中，研究者请参加设计的近百名教师围绕"影子"这个主题为大班幼儿设计活动方案。分析所有的活动方案后发现，真正能够调动幼儿思考的积极性、引导他们去关注和发现光和影之间关系的设计可以说是凤毛麟角。虽然不少方案将"探索光和影的关系"作为活动的目标，但具体探索什么关系？怎样探索？需要提供什么条件？这些问题基本都没有涉及。究其原因，是教师们自己缺乏相关的物理学知识。类似情况不仅表现在科学教育领域，语言、社会、数学等领域类似情况也比较普遍。

幼儿园教师文化知识的不足常常带来教育实践中的尴尬：面对幼儿的问题常常无法回答；幼儿的探索不知往哪里引导；底蕴不足，创新乏力，只能照搬教师用书中别人设计的现成方案；难以围绕教育现场中的问题或"突发事件"与幼儿展开生成性的互动，接不过或不敢接幼儿"抛过来的球"，更谈不上再从适当的角度抛给孩子，让师生之间"互相抛接球的游戏"继续下去。①

必须清醒地认识到，幼儿园不需要教师系统地"教"学科知识，但支持和引导幼儿的学习时必然会涉及多个学科领域的知识。"幼儿园应不应该教相对抽象的学科知识"和"幼儿园教师应不应该具备相对广博的学科知识"是两个不同的问题，不能混为一谈。

(二)通识性知识是孕育教师文化素质和教育素养的"土壤"

科学知识和人文知识如李政道博士所说是"一个硬币的两面"，这个硬币就是"文化"。而"文化"对于一个人而言，意味着学识水平、知识视野、思维品质、审美情趣和人格修养，体现一个人的基本素质。

教师在人们心目中是"有文化"的人。教师的智慧、修养在很大程度上是其"文化底蕴"的显现。苏霍姆林斯基在《谈谈教师的教育素养》中讲到，"关于学校教学大纲的知识对于教师来说，应当只是他的知识视野中的起码常识。只有当教师的知识视野比学校的教学大纲宽广得无与伦比的时候，教师才能成为教学过程中的真正能手、艺术家和诗人。"这里所谓"比学校的教学大纲宽广得无与伦比"的知识视野，主要就是科学与人文知识。

必须承认，相对于其他学段的教师，我国幼儿园教师的文化素质整体偏低。这是一个很大的遗憾。但更为遗憾的是，长期以来，很多幼儿师范教育工作者和教师自己却不把它看成一个很大的问题。似乎幼儿园教师只要有一定的艺术才能、掌握一定的教育技巧就足够了。这是一种十分狭隘的认识。

① "互相抛接球的游戏"是瑞吉欧·艾米利亚的教师形容教育教学过程中师生互动、共同建构课程的用语。

这种狭隘的认识在我国幼儿园课程模式从强调“分科”到强调“整合”的过程中，更因为被错误地与幼儿师范教育课程“对接”而变得愈加突出。

不可否认，从幼儿教育的特点来看，确实对教师的单一学科知识要求不深，但对蕴含在教育实践中的文化素养的要求却是比较高的。幼儿园教师应该是有较广阔的文化底蕴的“杂家”。这次，《专业标准》将科学与人文知识作为教师专业知识的三大结构之一提出，无疑对提升我国幼儿园教师队伍的文化素质和教育素养有积极的促进作用，也一定会引导、推动我国幼儿园教师教育机构的课程改革朝更加合理的方向发展。

二、幼儿园教师必备的通识性知识

教师的知识和技能是决定儿童能够学习多少内容的最重要因素之一，对幼儿的学习和发展有着重要的影响。① 通识性知识是幼儿教师专业知识的重要组成部分，在《专业标准》当中主要包括一定的自然科学和人文社会科学知识，相应的艺术欣赏与表现知识，一定的现代信息技术知识，其中自然科学知识和人文社会科学知识应该是幼儿教师需要掌握的通识性知识中的主要部分。

(一)自然科学知识

自然科学以自然世界为研究对象，其分支学科包括了物理学、生命科学、环境科学等学科。

自然科学知识的学习有助于幼儿教师形成科学精神。科学精神突出表现为对追求真理、实事求是、独立思考和批判性。在学习自然科学知识的过程当中，这种科学的精神也会对教师产生潜移默化的影响，感召他们去努力发现、解决保育教育工作中的问题，同时更加理解和尊重幼儿的自主探究，更看重幼儿的主体性。

自然科学知识的学习还有利于教师掌握幼儿科学教育中所必需的内容知

① [美]芭芭拉·鲍曼，苏珊娜·多诺万，苏珊·勃恩兹．渴望学习：教育我们的幼儿[M]．吴亦东，等．译．南京：南京师范大学出版社，2005：194.

识。事实上，教师只有掌握了基本的自然科学知识，才能指导幼儿探究活动的方向，帮助幼儿感受大自然和科学的奇妙，体验发现的快乐。

幼儿教师学习的自然科学知识不只是简单罗列的科学事实，也不只是“零散、偶然”的科学知识，最重要的是学习和掌握自然科学知识体系当中的核心概念、探究和表达科学知识的方法、自然科学的基本理论体系以及科学观。① 只有教师自身形成了正确的科学观，才能在科学的世界观引导下，以实事求是的态度与儿童一起进行探索和学习；只有教师掌握了科学探究的方法(观察、猜想、推理、交流等)，才能更好地反思与改进自身的教育教学，支持幼儿进行科学探索，培养幼儿科学探索的方法和精神。②

幼儿园教师需要的自然科学知识虽然在其广度和深度上远不及相关学科的专家，但也应有一定的广度和深度。从广度上来说，至少要包括与幼儿生活中常见事物、常见现象相关的科学知识；从深度上来说，不仅要了解单个事物、现象的表现，还要了解事物、现象之间的联系以及事物、现象产生的前因后果。

(二)人文社会科学知识

人文社会科学知识是对人文科学知识和社会科学知识的总称。人文科学知识是那些探讨人的生命存在和生命活动的本身，即人的本质的知识；社会科学知识是探讨人的生命存在和生命活动在不同方面的表现，即人的行为。人文科学知识包括了语言学、文学、历史学、哲学等学科知识，社会科学知识则包括了经济学、政治学、法律学、社会学等学科知识。③

人文社会科学的学习有利于幼儿教师提高文化修养，树立正确的人生价值取向与理想追求，塑造丰富的精神世界。所谓“腹有诗书气自华”，丰富而广博的人文社会科学知识的积累无疑能提升幼儿教师的文化气质。幼儿教育从某种意义来说，是一种极具人文精神和人道主义的事业，幼儿园教师的工

---

① NAEYC. 2010 NAEYC Standards for Initial & Advanced Early Childhood Professional Preparation Programs [EB/OL]. 2010：36.

② 步社民．幼儿园教师成长论[M]．北京：新时代出版社，2005：78.

③ 李维武．人文科学概论[M]．北京：人民出版社，2007：16-17.

作于平凡之中彰显价值。人文社会科学知识有利于增强幼儿教师对自身工作的认同感，更加理解幼儿教育工作的意义和价值。

人文社会科学知识也是幼儿园教师的“教学内容知识”基础。例如，对历史学研究方法和核心概念的学习，有助于教师支持幼儿学习记录讨论发生在他们生活中的变化、回忆和体验他们亲历的“历史”，引发幼儿的“爱家乡、爱祖国”的真实情感。

幼儿教师对人文社会科学知识的学习同样要抓住关键，多读书，读好书，利用网络、电视、广播、博物馆等多种形式掌握必要的人文科学知识以丰富自己的文化底蕴，在丰厚的人文社会科学的基础上，深化和理解幼儿教育的内容，开发幼儿教育的课程资源，进行富有成效的教育教学。

(三)艺术素养

艺术素养指的是对音乐、舞蹈、绘画、雕塑、文学、戏剧等艺术形式的欣赏、感受、认知和表现能力。但在幼儿教育领域当中，却存在长期地把幼儿教师的艺术素养等同于“吹、拉、弹、唱、跳”等技能的误区，忽视了艺术素养还应该是一种深刻的思想自由的精神、独立的人格以及正确的审美价值观，是感受美、鉴赏美和创造美的能力。①

艺术素养之于幼儿教师的重要性首先体现在幼儿教育内容的需求和幼儿身心发展特点的需求上。幼儿教师的艺术素养关系着幼儿对艺术的感受、欣赏和表征能力的发展。同时，学龄前的幼儿思维处在直觉行动思维和具体形象思维阶段。幼儿教师采用一些艺术化的表现手法，如音乐、舞蹈、美术的形式展开的幼儿教育活动或以艺术的形式创设的幼儿园环境符合幼儿思维的特点，更能激发幼儿的兴趣。因此幼儿教师艺术素养的培养和发展有助于幼儿教育的顺利开展。

艺术素养之于幼儿教师的重要性还体现在教师个人审美观念、精神境界提升、创造性培养的需求。教师应该理解艺术的审美与创造的本质，在艺术的熏陶下，提升自己的审美情趣和道德修养，将自己塑造为美的使者。此外，

---

① 胡知凡，包雪鸣．教师艺术素养导论[M]. 北京：北京大学出版社，2011：18.

艺术与创造天然地存在着联系，艺术领域充满着天马行空、不拘一格的想象、真正把握住艺术本质的教师，其幼儿艺术教育活动一定会把支持、鼓励幼儿的自由表达和创造作为基本追求。

(四)现代信息技术

现代信息技术主要指计算机技术，这个概念也包括可以整合到计算机技术的其他新技术，如电信、多媒体、网络等多种技术。① 现代信息已经成为这个时代的生活环境和文化特征。以计算机为核心的信息技术的普及已经成为一种趋势，它不仅走进了家庭、学校，也走进了幼儿园，走进了幼儿的生活环境当中。信息技术为教师提供了获得信息的手段，也成为教育工作的辅助工具。

总之，幼儿园教师的专业知识是广泛而有其独特性的。

辛涛等人将教师所教学科的知识称为“本体性知识”，将儿童发展和教育学类知识称为“条件性知识”。应该说，这种分类对中小学教师来说是恰当的，因为所谓“本体”，指的是事物的根源或来源。中小学系统知识教学的特点决定着学科知识(教学内容知识)在教师知识中的本源性。但对幼儿园教师来说，或许儿童发展知识和保育教育知识更符合本源性的特点，而教学内容知识则更像是支持教师更好地开展保育教育工作、促进幼儿的学习与发展的“条件”。当然，“本体性”与“条件性”只是根据这类知识的特性及其在教师知识结构中的功能所作的相对区分，并不意味着它在重要性上的区别。事实上，只有所有的知识能相互整合相互融通，教师的教育实践才能变得适宜而有效。

① 郭立平．信息技术与早期教育[M]．上海：华东师范大学出版社，2007：5.

第五章　幼儿园教师的专业能力

【导读】 专业能力是幼儿园教师专业化发展在教育实践中的集中体现，它直接影响着幼儿园的保教质量和幼儿的发展。幼儿园教师的专业能力不同于中小学教师以学科教学为核心的能力结构，而是突显幼儿园保教结合、以游戏为基本活动的特点以及环境和生活对幼儿发展的重要价值和独特作用，因此，幼儿园教师的专业能力结构是全方位的，具有综合性特点。但幼儿园教师与中小学教师一样，是反思性实践者和终身学习者，是在研究自身经验和改进教育行为的过程中，在持续学习与不断完善自身素质的过程中，实现专业发展的。因此，专业的教师必须具备反思与发展能力。深入理解和领会《专业标准》中对幼儿园教师的能力要求并付诸实践，将会使幼儿园教师专业化水平进一步提高，使幼儿园保教质量大幅度提升。

第一节　幼儿园教师专业能力的内涵、构成与提升

教师的专业能力是教师专业化在教育实践中的集中体现。世界各国的教师专业标准都将教师的专业能力作为标准的重要方面。它直接影响着教育教学的实效和儿童的发展。我国幼儿园教师《专业标准》中的专业能力部分共七个方面27个条目，占全部内容要求条目总数的43.5%，充分体现了"能力为重"的基本理念和价值取向。

一、幼儿园教师专业能力的内涵与作用

幼儿园教师的专业能力在内涵上具有一般教师的特点，可以定义为是一般能力的合理整合和特殊发展，是在系统的学前教育专业知识学习的基础上在幼儿园保教实践中发展起来的、反映幼儿园教师职业活动要求的能力体系。幼儿园教师的这一能力体系与其他学段的教师相比较，其特殊性体现在幼儿园教师既要具有保育幼儿的能力，又要具有教育幼儿的能力，还要具有实现保育和教育相结合的综合能力。幼儿园教师专业能力的特殊性，是由其工作的对象及其所处阶段的教育特点决定的。

幼儿园教师的专业能力是幼儿园教师经过系统的职前学前教育专业的系统学习与培训后，明晰了基本职业规范、师德要求和专业理念，并掌握了相关的专业理论与专业知识之后，进入职场，置身于幼儿园教育的实践之中，不断地践行职业规范、遵守职责要求，自觉运用专业理论和知识解决实际问题，理念和态度转化为良好的师德行为，理论和知识转化为实践智慧的过程。因此，幼儿园教师的专业能力形成过程就是教师专业化的过程。

具有基本专业能力的教师才能胜任幼儿园的保育和教育工作。知识是能力形成的基础和条件，但仅有知识是远远不够的。幼儿园的保育和教育工作是复杂的，甚至是琐碎的，因此，日常的幼儿园教育事件也比较复杂和多样化。幼儿由于年龄小，个别差异大，也增加了幼儿园教育的复杂性。理解幼儿和胜任幼儿园工作需要教师具有全面、多样、灵活的能力。教师需要自觉地在实践中运用、强化、扩展和改进自己的专业理论和专业知识，才能具有处理日常事件、组织各种活动的专业行为，逐渐积累适宜的行为，形成专业能力。

幼儿园教师的专业能力是保障其完成职业要求和工作职责的必要条件，直接影响着幼儿园的教育质量和幼儿的健康快乐发展。幼儿园教育具有多元化和灵活性，教师在很大程度上具有教育活动的自主权。专业能力不同的教师其行为特点也有很大的不同，观察和了解幼儿的能力、教育判断能力、教学方式与教育策略也会有很大的差异。专业能力强的教师，其行为水平和师

幼互动的水平都比较高，幼儿的发展也会比较好，反之，幼儿园教育质量和幼儿的发展都会受到不良的影响。

二、幼儿园教师专业能力的构成

从幼儿园教师的专业能力构成来看，由于其工作的对象、内容和性质与中小学教师不同，因此，其专业能力结构也与中小学教师有相同的方面，更有许多不同之处。

教师是一个具有多重角色身份的职业，这就要求教师必须具备多方面的能力。教师的专业能力除了人的基本认识能力之外，其核心的能力就是教师的教育能力，即教师顺利进行教育活动的能力。

近期有学者综合研究许多学者的观点，认为：在每一个特定的教育活动中，都要求教师具有多方面的专业性的能力，主要包括教育预见能力、教育传导能力、教育组织与调控能力、专业扩充与更新能力等。此外，以下几种拓展能力也特别重要：信息处理能力、解决问题的能力、创造能力、决策能力等，这些拓展能力对教师的自我完善和自我发展特别重要。

由于幼儿园以保教结合为基本原则，以游戏为基本活动，环境是重要的教育资源，生活具有重要的教育价值，因此，幼儿园教师的专业能力不同于中小学教师以学科教学为核心的能力结构，是全方位的、多方面的、具有综合性的。《专业标准》中幼儿园教师专业能力部分是按照教师的主要职责和基本工作内容架构的，具体包括：环境的创设与利用、一日生活的组织与保育、游戏活动的支持与引导、教育活动的计划与实施、激励与评价、沟通与合作、反思与发展七个方面。其中，前六项是教师实施保育教育的能力，第七项是教师自我发展的能力。

相关研究证实：幼儿的学习是一个积极主动的过程，幼儿是在与环境的相互作用中学习和获得发展的，教育指导方式应隐性化、间接性，因此，环境的创设与利用至关重要。具有适宜结构的、安全的、积极的高质量环境能够有效地激发和促进幼儿的主动学习和良好发展。具有基本专业能力的教师才能够创设有质量保证的环境，能够创设有质量保证的环境也是教师专业能力的重要方面。

保教结合是幼儿园阶段教育的突出特点，幼儿园一日生活的组织要科学合理，给予幼儿良好的生活照料，充分体现保育和教育的结合，是幼儿园教师重要的专业能力。

幼儿园以游戏为基本活动，游戏是幼儿的主要活动。因此，支持和指导幼儿游戏的能力也是幼儿园教师重要的专业能力。

幼儿园的教育活动尽管源于传统的“上课”，与小学的“上课”有着某些相似之处，但又有着本质的区别。幼儿的学习内容、学习方式、学习活动的组织方式与评价方式都不同于小学。专业的幼儿园教师应该具有计划、设计和实施符合幼儿年龄特点和教育要求的教育活动的能力。

幼儿园教师的激励与评价能力对于幼儿的积极主动学习和良好发展具有重要的意义。以“激励”为基本导向、以观察为主要手段、以改进教育实践为主要目的的评价能力，是对幼儿园教师的基本专业要求。

沟通与合作能力是教师的工作对象对教师提出的必然要求。所有的教师都需要与教育对象、与同事、与家长和社区的沟通与合作。但对于幼儿园教师来说，沟通与合作更加重要。因为幼儿园教师的教育对象幼儿尚处于语言的形成和发展之中，他们的理解与沟通能力还比较弱，更需要教师用符合他们年龄特点的语言进行沟通与交流。幼儿园教育强调“家园共育”的突出特点要求幼儿园教师具备良好的与家长沟通与合作的能力，才能对幼儿实施良好的保育和教育。

反思与发展能力是教师职业特点的必然要求。教育职业的变化性和复杂性需要教师不断地学习与思考，不断地反思和改进教育实践，不断地实现自我发展和完善。

三、幼儿园教师专业能力的形成与提升

幼儿园教师的专业能力是通过保育和教育实践得以体现的，也是在保育和教育实践的过程中不断生成的。幼儿园教师的专业能力也是其专业理念与师德、专业知识和专业行为相互作用的结果。幼儿园教师专业能力的提升是

一个渐进的过程，有意识的规划和适合的条件，内力和外力的共同作用有利于加快专业能力的提升。

(一)幼儿园教师专业能力的发展阶段

幼儿园教师专业能力发展是专业发展的核心内容之一。幼儿园教师专业能力的发展过程是一个具有连续性和终身性的过程，可以大致地分为三个阶段：生成阶段、再造阶段和创造阶段。

刚刚走上工作岗位的新教师均有一个能力生成的过程。职前教育获得的学前教育专业知识技能需要在实践中不断地通过运用、强化、修正和扩展转化为可以在不同情境下综合运用的专业能力。

随着教育经验的积累，教师的专业能力不断提高，表现为适应性和应变能力的增强，能够应对各种比较复杂的教育情境和教育实践，更能关注到个体儿童的需求，提供更加个性化和有针对性的教育。

教师经过长期的学习、实践，其专业能力达到了很高的水平，具备了通过研究不断创新的能力。能够根据幼儿身心发展的规律和教育规律，通过自己的研究解决遇到的问题，创造新的更加适宜有效的教育教学方式和方法。

《专业标准》正是遵循教师专业能力发展阶段的规律，提出一个能够胜任幼儿园保育和教育工作的专业教师所应达到的基本要求，是教师专业能力发展的基础。在具备了这些基本专业能力的基础上，教师逐步增强专业能力，逐步走向成熟，更加富有教育智慧和创造能力。

(二)提高教师专业能力的条件和途径

教师专业能力的提升是多方面因素共同持续作用的结果。既需要不断增加知识基础，也需要内部和外部环境的保证；既需要教师的自我学习、反思和提高，也需要同伴的合作教研和互相促进；既需要在职前培养中加强实践取向，还需要接受不断的在职培训和专业引领。

教师专业能力的提升需要一定的知识基础，相关研究显示，人的能力当中有很大一部分是知识概括化的结果。就幼儿园教师而言，学历层次相对于其他学段的教师来说偏低，各方面的知识基础相对薄弱。因此，幼儿园教师要想提高自身的专业能力就要通过自学、听讲座、接受各种培训等多种形式，来不断拓宽和加深专业知识，为专业能力的提升打好基础，准备条件。

不断反思和改进自身实践是教师提高专业能力的有效途径，也可以说反思能力本身就是教师的一种重要的专业能力。因此，每一位幼儿园教师都要培养反思的意识，不断提高反思能力。通过反思，教师能够意识到教育中的问题，并努力去探究和解决这些问题；通过反思，教师能够意识到教育实践和教育行为的合理性与适切性程度，不断寻求调整和改进，从而使自己的教育实践和教育行为更趋于完善。正是在反思的过程中，教师的专业能力得到提升，教师的反思能力也得到发展。

园本研修也被理论和实践证实是促进教师专业发展的有效途径。为提升幼儿园教师的专业能力，幼儿园就要建立研修的团队，组织经常性制度化的教育教学研究和培训活动，引领和促进教师的专业能力提升。教师个体也要积极参与到幼儿园的各项研修活动之中，在独立思考、与同伴观念碰撞与经验分享中，在幼儿园业务领导和专家的引领下，不断提升自己的专业能力。

第二节　环境的创设与利用能力

广义的幼儿园环境是指幼儿园教育赖以进行的一切条件的总和。它既包括人的要素也包括物的要素；既包括幼儿园内的小环境，也包括与幼儿园教育相关的幼儿园以外的家庭、社会、自然的大环境。狭义的幼儿园环境是指幼儿园内部环境、物质环境和人际环境。①《专业标准》中环境的创设与利用能力所涉及的范畴主要是指幼儿园教师工作的班级环境。

在幼儿园阶段，环境是重要的教育资源。幼儿园教师应具有环境创设与利用的能力，为幼儿创设丰富适宜的环境，支持、引发和促进幼儿与环境的互动，使幼儿在快乐的生活与学习中获得良好的发展。

---

① 李季湄，肖湘宁．幼儿园教育[M]．北京：北京师范大学出版社，1997：101.

一、环境的创设与利用能力的基本要求

《指导纲要》指出：环境是重要的教育资源，应通过环境的创设和利用，有效地促进幼儿的发展。幼儿园的空间、设施、活动材料和常规要求等应有利于引发、支持幼儿的游戏和各种探索活动，有利于引发、支持幼儿与周围环境之间积极的相互作用。幼儿园同伴群体及幼儿园教师集体是宝贵的教育资源，应充分发挥这一资源的作用。教师的态度和管理方式应有助于形成安全、温馨的心理环境；言行举止应成为幼儿学习的榜样。可见，幼儿园教师应从精神环境和物质环境两个方面来营造良好的环境氛围，促进幼儿身心的和谐发展。

《专业标准》对幼儿园教师环境的创设与利用能力也是从创设良好精神环境和物质环境两个方面提出要求的，主要包括四项基本内容：

36. 建立良好的师幼关系，帮助幼儿建立良好的同伴关系，让幼儿感到温暖和愉悦。

37. 建立班级秩序与规则，营造良好的班级氛围，让幼儿感受到安全、舒适。

38. 创设有助于促进幼儿成长、学习、游戏的教育环境。

39. 合理利用资源，为幼儿提供和制作适合的玩教具和学习材料，引发和支持幼儿的主动活动。

在上述四项要求中，前两项是要求幼儿园教师具有创设良好精神环境的能力，后两项是要求幼儿园教师具有创设良好物质环境的能力。深入学习和领会《专业标准》的相关要求，要将专业理念与态度、专业知识和专业能力三个方面相结合，统筹思考，全面理解。在专业理念与师德部分，特别提出幼儿园教师要重视环境对幼儿发展的独特作用和意义，为幼儿创设富有教育意义的环境氛围(见第 12 条)，这是在强调幼儿园教师要认同幼儿园物质环境和精神氛围的价值，并重视营造良好的环境氛围。还要求幼儿园教师要“重视自身日常态度言行对幼儿发展的重要影响与作用”(见第 14 条)，这也是对精神

环境的要求。另外，还要求幼儿园教师要“重视幼儿园、家庭和社区的合作，综合利用各种资源”(见第 15 条)。这就意味着要求幼儿园教师在环境的创设与利用时，要有广义的环境观和资源的意识，以及挖掘与综合利用身边资源的能力。在专业知识方面，《专业标准》提出幼儿园教师要掌握幼儿园环境创设的知识与策略，知道如何为幼儿创设丰富、适宜的环境，并利用环境促进幼儿的发展。

二、环境的创设与利用中存在的突出问题

相关调查研究显示①，教师普遍认同环境的创设和利用对幼儿园教育的重要性，并能在创设班级环境时考虑到教育目标的要求、幼儿的关注点，也能让幼儿参与环境的创设，但对班级精神氛围的营造、对不同年龄幼儿需要的环境特点的把握以及对家长资源的适当利用还不够。从深层次来看，幼儿园教师更多地关注有什么，而对于环境和材料有效利用的意识和能力还比较欠缺。

(一)对精神氛围的营造重视不够

班级的精神氛围主要通过班级的师幼关系、幼儿的同伴关系得以体现，也通过教师不同的价值观、思维方式和精神风貌所表现出的行为态度上。

在实践中，教师往往注意自身行为的教育作用，而忽略其行为给幼儿带来的心理感受。习惯于高控制的幼儿园教师往往比较多的是维持秩序，不断提醒幼儿遵守规则或进行纪律要求，这样做会让幼儿感到精神上的紧张压抑和心理上的疏离，幼儿往往表情淡漠，师幼间缺乏温暖的情感沟通，难以形成积极的情感氛围。

(二)对幼儿年龄特点把握不够

对教育实践的观察发现，有些幼儿园统一购买和投放某些材料，按学期或学年分发给各个班级，教师不做任何的增加和调整。即使有些教师每学期

① 刘占兰，等. 中国幼儿园教育质量评价——十一省市幼儿园教育质量调查(报告二和报告五的有关章节)[M]. 北京：教育科学出版社，2011

有一定次数的调整和增加材料，但根据本班需要做出调整的也不普遍。实践中的另一个突出问题是，小、中、大班幼儿的活动和游戏材料、环境布置年龄区分布不明显，甚至大体相同，对幼儿的年龄特点适应性不足，甚至会观察到年龄错搭和倒置的现象。

(三)环境材料的有效利用还有待于提高

从幼儿园的班级环境来看，还有一些班级没有为幼儿设置活动区，环境创设小学化倾向严重，集体活动多，幼儿的自选活动和游戏活动无法保障。在设置了活动区的班级中，材料的使用情况还不够理想。幼儿园角色游戏材料缺失，使用率低是比较普遍的现象。幼儿户外活动材料还比较丰富，但适合幼儿且幼儿能够经常使用的材料不足一半。因此，幼儿园班级物质环境需要极大地改善，教师环境创设的意识和能力普遍需要提高。

三、幼儿园环境创设的原则与实践策略

幼儿园环境创设的基本原则是：以满足幼儿需求、促进幼儿发展为核心；精神环境的营造和物质环境的创设并重；环境的提供与利用并重；环境的创设要因地制宜，安全、合理。

(一)营造积极的精神氛围和人际环境

《专业标准》要求“积极创造条件，让幼儿拥有快乐的幼儿园生活”(见第9条)。专业的幼儿园教师要善于营造民主、和谐的精神氛围，平等、友好的师生关系和幼儿同伴关系，让幼儿感到安全和接纳、温暖与关爱，有归属感和成就感。

专业的幼儿园教师应像《专业标准》中专业理念与师德部分要求的那样，做到：“富有爱心、责任心、耐心和细心”(见第16条)，“乐观向上、热情开朗，有亲和力”(见第17条)，这两个方面个人修养的要求是营造良好班级精神氛围和人际环境的必要条件。

幼儿喜爱那些对他们态度友善、能给他们带来心理安全的教师。在幼儿看来，爱发脾气的教师是可怕的。马卡连柯曾说过：不能控制自己情绪的人

不能成为好教师。教师每发一次脾气就会给孩子的心灵造成一次伤害。《专业标准》中个人修养与行为部分还特别要求专业教师要“善于自我调节情绪，保持平和心态”(见第 18 条)，即不迁怒于幼儿，不因自己的消极情绪影响幼儿，让幼儿感受到安宁、平静与温暖。

幼儿园应该是一个充满爱的场所，幼儿园里的每一位教师都应该发自内心地关爱儿童，让孩子们真切地感受到教师的爱与关心。教师只有发挥自身的榜样示范作用，以身作则地关爱幼儿，幼儿也会因此学会关爱他人。《专业标准》中要求幼儿园教师“尊重幼儿人格，维护幼儿合法权益，平等对待每一位幼儿。不讽刺、挖苦、歧视幼儿，不体罚或变相体罚幼儿”(见第 7 条)。

专业的幼儿园教师应该让孩子感到公平与公正。在幼儿园里，教师往往会偏爱那些长得漂亮、爱说爱笑、聪明能干的孩子，而忽视或冷落那些经常保持沉默或调皮捣蛋的孩子，这对幼儿的发展十分不利。被偏爱的幼儿常常会有不适当的自我评价，受到同伴的疏远或追捧；而不被教师关注或偏爱的幼儿往往在自信心和归属感上会受到影响。

每个幼儿都希望自己被教师和同伴认可与接纳，感受到自己被同伴、教师和班集体所需要，这就是归属的需要。当幼儿的这种需要得到满足，幼儿就建立了归属感。具有良好精神环境和人际氛围的班级容易让幼儿有归属感。因此，教师要具有相关的态度和能力。首先，教师要无条件地接纳每一个幼儿，无论他是男孩还是女孩，无论他的外表是否漂亮，无论他是否聪明，都要接纳他们，关爱和尊重他们。其次，是要引导幼儿同伴间的接纳，了解每个人的独特性，与他人的不同之处，以自身的爱心、宽容和接纳影响和教育幼儿。再次，要组织一些有意义的集体活动，让幼儿在活动中发挥自己的作用，找到自身的价值，建立在集体中的归属感。此外，还要重视在生活细节中让幼儿感受到接纳，如教师要在幼儿早晨来园时热情接待，让幼儿感受到欢迎和温暖；在离园时热情相送并表示你期待他明天再来，让幼儿对第二天幼儿园的生活有所期待等。

专业的幼儿园教师要经常用积极肯定的话语、微笑温和的表情、亲切的拥抱，适时地与每个幼儿互动交流，让每个幼儿都感受到关注、安抚和关爱。

(二)创设丰富的具有探索性的物质环境

幼儿园班级的物质环境包括区域设置、材料提供和墙饰布置等几个方面。

1. 支持幼儿自主选择和探索的区域设置与材料提供

幼儿班级的活动室一般要划分成若干个区域，包括一个或几个角色游戏区(娃娃家、小商店等)、积木建构区、美工区、益智区、图书区等。

专业的教师要善于合理地利用和划分空间，并根据各个区域的功能和幼儿活动的需要设置在合理的位置。首先，根据不同年龄幼儿的需要设置一定数量的活动区，供幼儿自主选择和活动。其次，活动区域的划分要明确。能明显地看到相对独立的积木区、图书区、角色游戏区、美工区等。再次，活动区域的设置要合理。空间环境上要合理，如图书区的安排应远离热闹的区域；美工区、科学发现区离盥洗室稍近一些，以便幼儿取水方便，自然角要设置在向阳的地方等。

各个活动区都要配备相应的活动材料。种类要齐全，数量要充足。经济条件不富裕的幼儿园，教师要能够利用当地的自然资源和无毒、无害的废旧物品为幼儿提供活动的材料，也可以和幼儿一起制作一些玩具和用品。各区域及材料最好有明显的标签标注，标明其功能、使用的方式与规则等。如果空间条件允许，班里还可以设置悄悄屋等幼儿可以自由交谈、放松的地方；悄悄屋、图书区、娃娃家等场所或区域最好放置几件让幼儿感到舒适、放松的家具和设备，支持幼儿的交流和放松。

2. 兼具审美与教育价值的墙面布置

班级(室内与走廊)的墙面布置简称为墙饰，是幼儿园教育环境的一部分，根据其功能不同可以划分为以下几个主要类别：①与教育活动相呼应的主题墙饰。这类墙饰随着教育活动的产生而产生，随着教育活动的推进而不断发展，是对教育活动的支持，也是幼儿学习过程与结果的展示，有助于幼儿经验的提升和获得成就感。②常规性主题墙饰。这类墙饰主要与幼儿园的常规性活动紧密配合，如天气预报栏、值日生工作栏、自然角日志等。③与区域活动相适宜的墙饰。这类墙饰主要是支持幼儿在活动区的活动，有工作程序的提示、规则或材料使用方式的提示、幼儿活动成果的展示等。④功能区的墙饰。这类墙饰主要是温馨提示性的，如睡眠室里的安静提示、盥洗室里的冲水和节约用水的提示等。⑤过渡区的布置在走廊、楼道等处的墙饰，可以是规则提示性的，也可以是幼儿作品展示性的。

专业的教师应该能为自己的班级和孩子们布置具有较高质量的墙饰，一般要具备六个基本特征：审美价值与教育价值同时存在；高度适宜于幼儿观看和参与；直观、形象且文字少，幼儿能理解且感兴趣；幼儿参与程度高；能支持幼儿的学习和活动，促进幼儿的发展；使用后能方便装订与保存，供幼儿继续使用。

此外，环境创设还应该包括建立班级秩序和规则，使幼儿感受和体验到班级活动的有序。幼儿园教师要特别注意的是规则的制定要合理，既有利于维护班级活动的秩序性，又有利于鼓励和支持幼儿活动的主动性、积极性和创造性，切记不要让规则成为束缚幼儿的工具。

第三节　一日生活的组织与保育能力

保教结合是幼儿园阶段教育的突出特点，也是《工作规程》和《指导纲要》的基本要求。有质量的幼儿园教育需要科学合理地组织幼儿的一日生活，给予幼儿良好的生活照料，充分体现保育和教育的结合。

一、一日生活的组织与保育能力的基本要求

《指导纲要》要求："科学、合理地安排和组织一日生活。(一)时间安排应有相对的稳定性与灵活性，既有利于形成秩序，又能满足幼儿的合理需要，照顾个体差异。(二)教师直接指导的活动和间接指导的活动相结合，保证幼儿每天有适当的自主选择和自由活动的时间。教师直接指导的集体活动要能保证幼儿的积极参与，避免时间的隐性浪费。(三)尽量减少不必要的集体行为和过渡环节，减少和消除消极等待现象。(四)建立良好的常规，避免不必要的管理行为，逐步引导幼儿学习自我管理。"①这些都是幼儿园教师应该遵循的基本原则。

---

①　中华人民共和国教育部．幼儿园教育指导纲要(试行)．北京：北京师范大学出版社，2001：10.

在《专业标准》中，对幼儿园教师一日生活的组织与保育能力特别提出了四项基本要求：

> 40. 合理安排和组织一日生活的各个环节，将教育灵活地渗透到一日生活中。
>
> 41. 科学照料幼儿日常生活，指导和协助保育员做好班级常规保育和卫生工作。
>
> 42. 充分利用各种教育契机，对幼儿进行随机教育。
>
> 43. 有效保护幼儿，及时处理幼儿的常见事故，危险情况优先救护幼儿。

上述四个方面是从幼儿生活的安排与照料、随机教育与教育渗透、幼儿的安全与保护等几个方面提出来的。

教师一日生活的组织与保育能力的践行需要有相应的专业态度和专业知识。教师在理解和领会这方面的要求时要结合专业理念与师德和专业知识两个部分的相关规定，全面、系统的把握。在专业理念与师德部分，特别要求教师要“关爱幼儿，重视幼儿的身心健康，将保护幼儿生命安全放在首位”(见第 6 条)；要“富有爱心、责任心、耐心和细心”(见第 16 条)，“重视生活对幼儿健康成长的重要价值，积极创造条件，让幼儿拥有快乐的幼儿园生活”(见第 9 条)。在专业知识部分，还特别提到幼儿园教师“注重保教结合”(见第 10 条)，“重视自身日常态度言行对幼儿发展的重要影响与作用”(见第 14 条)，等等。专业的教师在组织幼儿的一日生活，对幼儿实施保育时，要高度重视幼儿的健康和安全、言传身教和榜样示范。

二、幼儿园一日生活的组织与保育中的主要问题

尽管《工作规程》和《指导纲要》中都明确了生活对幼儿发展的重要价值以及科学地保育和组织幼儿一日生活的重要性，但在实践中仍然存在着一些突出的问题。

“小学化”严重，科学性不够。许多幼儿园教师尤其是新入职教师往往对幼儿从入园到离园的各个环节的科学安排不够了解，安排得不合理甚至“小学

化"的倾向严重，像小学排课表一样安排幼儿的活动。幼儿的行动整齐划一，缺乏灵活性，甚至个别教师让幼儿统一如厕和喝水，无法满足幼儿个性化的需求，不符合幼儿的年龄特点。

关注少，忽视多。幼儿园教师往往按照园所的统一要求机械执行一日生活的各个环节和各项活动，很少关注这些环节的教育价值和教育渗透，也很少思考这些环节及其相关要求的合理性与适切性。相反，对集体活动的关注多，研究也多。有时，环节过渡不紧凑，出现幼儿的无所事事、等待过多和时间的浪费。

包办多，控制强。在各个生活环节中，教师往往用包办代替教育，剥夺了幼儿学习、探索的时间和机会。由于生活环节中的事件比较琐碎，环节转换与过渡比较多，教师往往采用纪律约束的形式严格控制幼儿。

因此，建立科学、合理、温馨且具有促进性的生活组织方式与保育方式具有十分重要的意义且特别迫切。

三、提高教师一日生活组织与保育能力的重点

专业的幼儿园教师应该让幼儿在一日生活中感到安全、愉快、温馨、有序，能积极主动地进行学习和游戏。

根据《指导纲要》和《专业标准》的要求，幼儿园教师在组织幼儿一日生活，实施对幼儿的保育时，要以满足幼儿身心健康发展需要为核心目标；要建立科学合理的常规和作息时间，保教结合；日程安排保持一定的稳定性和相对的灵活性；活动的安排和组织要动静交替；各环节转换自然、有序、安全，减少等待；还要有利于幼儿良好习惯的养成。

(一)高度重视幼儿的健康和安全

由于幼儿年龄小，生理和心理发育还没有成熟，脆弱且自我保护能力差，在一日生活中随时存在着安全隐患。作为专业的幼儿园教师，应具有高度的安全意识、必备的安全知识和基本的应对安全问题的能力。

按照《专业标准》的要求，幼儿园教师要"重视幼儿身心健康，将保护幼儿生命安全放在首位"(见第 6 条)；"熟知幼儿园的安全应急预案，掌握意外事

故和危险情况下幼儿安全防护与救助的基本方法”(见第29条)；“有效保护幼儿，及时处理幼儿的常见事故，危险情况优先救护幼儿”(见第43条)。这三项基本要求是从专业理念与师德、专业知识和专业能力三个方面相互呼应地提出来的，这也是幼儿园教师最重要的态度、知识和能力。

(二)建立科学合理的生活制度

幼儿在园的一日生活由入园离园、晨间活动、学习活动、生活活动、户外活动五大类组成。幼儿在每个环节的经历都会对他们的学习和发展产生影响。因此，要科学合理地安排各个环节及活动，才能为其日后的成长打下良好的基础。

入园与离园。每天早晨，幼儿陆续入园，作为专业的教师重点要做好幼儿来园的准备，热情地接待幼儿进入班里，给每个幼儿晨检，指导幼儿放好随身带的物品。离园是幼儿结束一日的在园生活陆续离开。幼儿离园前，成人可以组织谈话活动和安排自选活动，提醒和协助幼儿收拾、整理好带回家的物品，整理好自己的衣着和仪表。作为专业的教师特别重要的是热情地表现出自己对幼儿明天来园的期待。此外，专业教师还会利用幼儿入园、离园的时机与家长进行简短或有针对性的沟通与交流。

晨间活动。在接受完简短的晨检后，幼儿一般都要开展自选活动和轮流做值日等晨间活动。专业的教师在幼儿活动时要观察幼儿的情绪与行为，倾听幼儿的表达，必要时与幼儿进行交流谈话，了解幼儿需要，给予即时的或后继的满足。

室内游戏。幼儿的游戏与晨间活动并列或交叉进行。幼儿的室内游戏活动主要以活动区为依托，以幼儿按自己的意愿自主选择为主要特点。有些幼儿园将室内游戏分别安排在上、下午两个时段进行。

学习活动。学习活动包含了个别活动、小组活动和班集体活动三种主要形式。有些学习活动是幼儿主动发起的，而有些活动是成人发起的。幼儿的学习活动与教师的教育活动相对应。

生活活动。生活活动是满足幼儿基本生活需要所进行的各种活动的总称，包括餐点、饮水、如厕、盥洗、午睡等环节。在这些环节中，有的是定时做的，如餐点、午睡；有的是根据幼儿自己的需要去做，如饮水、如厕、盥洗。专业的教师要能够根据生活环节的特点与功能和幼儿的年龄特点与需求，科学合理地安排和组织。

户外活动。户外活动是幼儿园在室外所进行的各种活动。主要有以下三种类型：幼儿操、体育锻炼、户外自由活动等。专业的教师在关注幼儿使用的户外场地、器械及材料等安全的前提下，有效地激发和组织发展幼儿的各种身体动作和体能的综合性活动，并善于利用自然因素锻炼并增强幼儿的体质。

(三)关注生活细节，抓住教育契机

生活为幼儿的学习和发展提供了很多契机，生活中蕴含着广泛的教育资源。教师要善于关注生活细节和平常事件，善于观察和发现教育契机，善于思考和利用教育契机，促进幼儿的学习和发展。

以下三轮车事件的案例与分析说明，对于日常生活中的平常事件，专业的教师和非专业的教师会有不同的看法和处理方式，给幼儿的发展会带来不同的影响和效果。

案　例

冲突事件的利用

情境：三轮车事件

4 岁的中班幼儿在户外活动，因为只有两辆小三轮车，幼儿常为“该谁骑车”而争论不休。这一天，一位叫宝宝的小男孩跑到老师面前抗议道：“小莉不让我骑三轮车！”这时，教师该如何反应呢？根据教师的不同行为反应，丽莲·凯兹区分了违反专业规范的行为、非专业的行为和专业的行为。①

违反专业规范的行为主要表现为：屈服于现实情境的压力或一时的便利而采取的行为；任由自己的情绪操纵自己的行为。如袖手旁观或希望其他幼

① ［美］丽莲·凯兹．与幼儿园教师对话——迈向专业成长之路［M］．廖凤瑞，译．南京：南京师范大学出版社，2004：187．

儿来“教训”当事幼儿。

非专业的行为反应包括：转移注意力，把宝宝对三轮车的关注点引向别处；大声喝止，让小莉赶快把三轮车给宝宝骑；把三轮车推开或锁起来让孩子们谁也别玩了；威胁骑车的小莉如果不让给宝宝骑就会怎样怎样；许诺给予某种好处，如“你让给宝宝，我一会儿让你发点心”；把小莉隔离到旁边思过；说教，给双方都讲道理；受害者至上，同情弱者；追究起因，追问谁先拿到的车，或为什么会不给宝宝骑等；强调成人的感受，如“你这样做让老师很失望或很难过”等；或以约定俗成或错误的“传统”观念来评判幼儿的行为，如向幼儿说：“我看谁是懂得谦让的好孩子?”“小莉，你一直都是懂事的姐姐”等。

专业教师的行为反应会迅速在判断和思考的基础上进行应对。专业教师的整个判断思考及反应过程涉及三个相互关联的问题：一是此情境可以发展幼儿什么？即判断这个事件的教育价值。二是诊断事件中的幼儿处于什么样的发展水平？三是课程和管理上应如何处理？根据丽莲·凯兹的观点，这样的事件可以发展幼儿以下几个主要方面的能力：社交技能，如轮流、协调、克服困难的技巧和能力；语言技巧，如用清晰、有效的语句表达自己的需求，明确的词句、对话技巧等；社交知识，如社交认知、正义观念等，也能发展旁观幼儿相关的理解与技巧；情感与品质，如同情心及助人的品质、尝试的勇气、避免抱怨和搬弄是非等。专业教师在诊断事件中的幼儿处于什么样的发展水平时需要思考：宝宝今天的行为在过去是不是经常发生？宝宝这个时候能接受的挫折有多少？小莉当天的行为对她而言是不是一种进步？如果让这两个幼儿自行处理这件事，他们会不会学到“适当的”观念和行为？参与事件的两位幼儿目前所表现的行为模式如果不加以修正，会不会留下“后遗症”？当事幼儿是不是会为了符合别人所赋予的“形象”个性而表现出某种行为？对这些问题的迅速思考与判断，有助于教师采取适宜的应对行为。教师在课程和管理上如何处理时需要考虑到：幼儿的行为是否符合这个年龄层的特点？幼儿园里有充分而适宜的设备和材料吗？活动能满足幼儿需要吗？是否对他们有足够的挑战性？幼儿是否能从别人解决纷争的事例中获得经验？这类事件是否经常发生？事件发生的高频率是不是表示课程安排需要调整？等等。

总之，专业教师会运用专业教育理论、专业知识、经验及判断来处理幼儿的问题。而非专业教师或人员的行为则出于一般常识或常理。

（四）保教人员的相互配合与协调

具有合理科学地组织幼儿一日生活、保教结合的能力是对幼儿园教师的专业要求。但由于幼儿园办园体制和形式多样，其人员设置与职责分工也不尽相同。一些幼儿园配有教师和保育员来共同承担保育和教育任务，教师更侧重于教育工作和各种教育活动的组织，保育员更侧重于卫生保育工作和幼儿的生活照料，这种情况下对教师的要求就是“科学照料幼儿日常生活，指导和协助保育员做好班级常规保育和卫生工作”（见第41条）。但也有一些幼儿园不再设置专职的保育员，班里的教师实行不同形式的“三教轮保”，那么，教师就要全面精通保育和教育工作，以专业的行动践行保教结合的原则。

第四节　游戏活动的支持与引导能力

游戏是幼儿的基本活动，是幼儿的生活方式或存在方式，幼儿园应该以游戏为基本活动。因此，教师支持和引导幼儿游戏的能力是核心专业能力之一。

按照传统的分类方式，可以将游戏分为两大类：一类是创造性游戏，即幼儿创造性地反映现实生活的游戏，包括主题角色游戏、建筑造型游戏、表演游戏等。另一类是教学游戏，即教师利用游戏的形式为完成一定的教学任务而编制的、用于作业教学的游戏，一般按学科领域来划分如体育游戏、音乐游戏、语言游戏、智力游戏等。由于本《专业标准》中对幼儿园教师组织游戏活动与教育活动的能力分别独立提出要求，因此，教师“游戏的支持与引导”这一专业能力主要是指教师支持和引导幼儿创造性游戏的能力。

一、支持和引导幼儿游戏能力的基本要求

游戏是幼儿的基本活动，《工作规程》要求幼儿园教育要“以游戏为基本活

动，寓教育于各项活动之中”。《专业标准》对幼儿园教师支持和引导幼儿游戏的能力提出了四项基本要求：

> 44. 提供符合幼儿兴趣需要、年龄特点和发展目标的游戏条件。
>
> 45. 充分利用与合理设计游戏活动空间，提供丰富、适宜的游戏材料，支持、引发和促进幼儿的游戏。
>
> 46. 鼓励幼儿自主选择游戏内容、伙伴和材料，支持幼儿主动地、创造性地开展游戏，充分体验游戏的快乐和满足。
>
> 47. 引导幼儿在游戏活动中获得身体、认知、语言和社会性等多方面的发展。

上述四个方面的要求包含两层含义：一是指作为专业的教师要具备支持幼儿游戏的能力，即对幼儿自主发起、自由进行的游戏给予积极的支持和鼓励，担当好支持者的角色。二是指作为专业的教师要具备引导幼儿游戏的能力，即根据幼儿发展的需要，要主动创设游戏条件，引发幼儿开展各种游戏，并在游戏中支持幼儿获得快乐和满足的同时引导幼儿获得多方面的发展。教师要达成这两方面的能力，践行四项基本要求，需要全面提高自身对游戏的认识，增长相关的知识，并通过不断的基于实践的研究和思考，改进和提高自身支持和引导幼儿游戏活动的能力。教师在学习、领会和践行本部分的相关要求时，要综合考虑和全面把握《专业标准》在各个部分有关游戏的基本要求。在专业理念与师德部分，要求幼儿园教师要“重视环境和游戏对幼儿发展的独特作用，创设富有教育意义的环境氛围，将游戏作为幼儿的主要活动”(见第12条)。在专业知识部分要求幼儿园教师要“掌握……游戏与教育活动……的知识与方法”(见第28条)。因此，作为幼儿园教师，既要深刻认识、领会并认同游戏对幼儿发展的独特价值，又要具备有关幼儿游戏的理论与实践知识，更要具备支持和引导幼儿游戏的实践能力。

二、幼儿园游戏的现状及教师在支持与引导中存在的问题

目前在幼儿园实践中，游戏活动中的突出问题主要表现在幼儿游戏活动，

尤其是角色游戏活动缺失、游戏材料不适宜、游戏时间不充分、教师缺乏支持和引导的事宜策略等几个方面。

游戏活动缺失，游戏时间不充分。调查发现，重视集体教育活动而轻视游戏活动的现象还在很大程度上存在，少数幼儿园或班级几乎不安排孩子们的游戏。有近半数的班级孩子们基本上不开展角色游戏和大型建构类游戏。从游戏时间上看，许多教师认为可长可短，有时间多玩，没时间少玩，有灵活性、可挤占的时间就是游戏。一些教师直言不讳地说角色游戏和大型建构类游戏的材料复杂，占空间大，管理和收拾不方便，所以不开展或开展得比较少。其深层原因是对游戏之于幼儿身心发展价值的不认同和对幼儿发展需要和基本权利的忽视。

游戏材料不足或不适宜。一些幼儿园班级设置了相应的游戏活动区域，但因活动材料不足或不适宜，孩子们无法开展丰富、深入的游戏活动。如有的幼儿园建构区的大型积木只有几块，种类和数量不足，孩子没办法玩；也有的幼儿园班级的建构材料是泡沫塑料的，缺乏稳定性和规范性，幼儿无法进行有效的搭建活动。提供的材料不符合幼儿年龄特点的情况也比较常见，也无法支持幼儿开展具有挑战性的、符合年龄特点的游戏。

因此，作为专业的幼儿园教师，要努力为幼儿的游戏创造条件，保证幼儿基本的游戏活动。

三、提高教师支持与指导幼儿游戏能力的重点

根据《专业标准》的要求和现实中存在的问题，幼儿园教师要努力提高自身对幼儿游戏的认同度和认识水平，在实践中努力提高自身支持和引导幼儿游戏的能力。做到以下几个方面特别重要。

（一）深入理解幼儿园游戏所兼具的自然性和教育性

幼儿园游戏兼具自然性和教育性①，即幼儿园游戏既具有自然活动的自发、自由、自在的特点，也具有教育活动的计划性、结构性、引导件的特点。

① 刘焱．儿童游戏通论[M]．北京：北京师范大学出版社，2004：349-350.

相比较而言，游戏的自然性是幼儿园游戏的本质和本体价值所在，也是幼儿园游戏存在的依据。因此，专业的教师必须懂得应该让幼儿在游戏中获得快乐和满足并知道如何让幼儿在游戏中获得快乐和满足，在此基础上或者说与此同时，使幼儿获得多方面的发展。

(二)创造和保障幼儿开展各种游戏的条件

专业的幼儿园教师应充分利用与合理设计游戏活动空间，提供丰富、适宜的游戏材料，支持、引发和促进幼儿的游戏。提供符合幼儿兴趣需要、年龄特点和发展目标的游戏条件。

一是要合理规划空间，应让幼儿有空间条件开展各种角色游戏、建构游戏、表演游戏等。空间比较大的班级可以设置一些固定的游戏区域，而空间小的班级则可以设置活动的可以收放的活动区域，两种设置方式也可以结合。

二是要提供丰富适宜的游戏材料，确保幼儿各种游戏的开展。玩具材料的数量要能够支持幼儿的自由选择和创造性的活动。

三是保证幼儿至少每天有比较集中的时间段开展 40 分钟至 1 小时的自由选择的游戏活动。如果有条件，可以在上、下午都有安排幼儿的自选游戏活动。

四是丰富幼儿的相关经验。幼儿游戏的丰富性和水平在很大程度上有赖于幼儿的相关生活经验。角色游戏、建构游戏等各种游戏的深入开展都需要丰富幼儿的相关经验。

(三)让幼儿在游戏中获得快乐和发展

为了实现幼儿园游戏的双重性质，首先要尊重幼儿游戏的主体地位。在实践中要鼓励幼儿自主选择游戏内容，自己确定玩什么；鼓励幼儿自由选择游戏伙伴，自己确定和谁玩；鼓励幼儿自主选择游戏材料，并自主决定用什么材料、怎么用材料和用材料干什么。教师要学会做一个观察者和支持者，要学会保持沉默，不去干涉和干扰幼儿也是一种支持。教师还要学会观察和判断幼儿的需要，适时地给予幼儿帮助，支持幼儿主动、创造性地开展游戏，充分体验游戏的快乐和满足。

专业的幼儿园教师还要鼓励和引导幼儿在游戏中自主学习和获得发展。幼儿在游戏前后和过程中思考和做出决定、选择和操作材料、与同伴协商和合作等都是学习。以建构游戏为例，在游戏中孩子们发展了各种动作包括大动作和精细动作，认识了材料的特性，了解了空间关系和几何形体，发现了力与平衡，学会了构思与想象等多方面的经验，在与同伴共同进行建构游戏的过程中能够发展幼儿协商并达成共识、分工合作共同完成搭建任务、解决冲突和矛盾、克服困难解决问题等多方面的能力。孩子们在游戏活动中能获得身体、认知、语言和社会性等多方面的发展。

第五节　教育活动的计划与实施能力

从我国幼儿园教育的改革与发展过程来看，狭义的“教育活动”是从20世纪80年代的“上课”演变而来，与小学的“上课”有着某种对应关系。但经过近20年的改革与发展，早在1989年《幼儿园工作规程(试行)》颁布之日起，幼儿园就取消了“上课”的提法，而取之以“教育活动”。根据《幼儿园教育指导纲要(试行)》的定义：幼儿园的教育活动，是教师以多种形式有目的、有计划地引导幼儿生动、活泼、主动活动的教育过程。而且强调，教育内容的选择应遵照五大领域的有关要求和三项基本原则进行，教育内容的组织充分考虑幼儿的学习特点和认识规律，各领域的内容要有机联系，相互渗透，注重综合性、趣味性、活动性，寓教育于生活、游戏之中。幼儿园的教育活动过程特别强调注重幼儿的主动探索、操作实践、合作交流和表达表现。专业的幼儿园教师应具有计划和实施充分体现幼儿园教育特点的教育活动的能力，科学地设计和实施幼儿园教育活动。

一、教育活动计划与实施能力的基本要求

《专业标准》对幼儿园教师的教育活动计划与实施能力提出了四项基本要求：

48. 制定阶段性的教育活动计划和具体活动方案。

49. 在教育活动中观察幼儿，根据幼儿的表现和需要，调整活动，给予适宜的指导。

50. 在教育活动的设计和实施中体现趣味性、综合性和生活化，灵活运用各种组织形式和适宜的教育方式。

51. 提供更多的操作探索、交流合作、表达表现的机会，支持和促进幼儿主动学习。

上述四项基本要求分别指向教师的教育活动设计能力、因人施教的能力、运用适宜教育组织方式的能力、引导幼儿主动学习的能力四个方面。深入理解这四个方面的能力需要结合专业理念与师德、专业知识部分的相关要求全面整体把握。专业理念与师德中“重视丰富幼儿多方面的直接经验，将探索、交往等实践活动作为幼儿最重要的学习方式”(见第 13 条)，意指专业的幼儿园教师要认同幼儿是主动的学习者，重视他们独特的学习方式。在专业知识部分，有关幼儿发展知识的 4 个条目(见第 22～25 条)涉及对幼儿年龄特点和幼儿身心发展特点与规律、教育策略与方法，对个体差异的了解和对应策略与方法。每个条目均从了解幼儿和给予适宜的教育两个维度提出了要求，是幼儿园教师教育活动的计划与实施能力的前提和基础。在有关保育和教育的知识中，第 26 条、27 条和 30 条均与教育活动的计划与实施直接相关。此外，4 条必备的通识性知识也是教育活动的计划与实施的基础。

深刻领会《专业标准》对幼儿园教师教育活动计划与实施能力的要求，还要与《指导纲要》中的相关要求相呼应，全面贯彻《指导纲要》的要求，重点提升《专业标准》中的能力要求。根据《指导纲要》的要求，教育活动的组织与实施过程是教师创造性地开展工作的过程。教师要根据《指导纲要》，从本地本园的条件出发，结合本班幼儿的实际情况，制订切实可行的工作计划并灵活地执行。

教育活动目标要以《工作规程》和《指导纲要》所提出的各领域目标为指导，结合本班幼儿的发展水平、经验和需要来确定。

教育活动内容的选择应遵照《指导纲要》各领域教育的相关要求进行，并同时体现以下原则：(1)既适合幼儿的现有水平，又有一定的挑战性。(2)既符合幼儿的现实需要，又有利于其长远发展。(3)既贴近幼儿的生活来选择幼儿感兴趣的事物和问题，又有助于拓展幼儿的经验和视野。教育内容的组织应充分考虑幼儿的学习特点和认识规律，各领域的内容要有机联系，相互渗透，注重综合性、趣味性、活动性，寓教育于生活、游戏之中。

教育活动的组织形式应根据需要合理安排，因时、因地、因内容、因材料灵活地运用。

二、教师在教育活动的计划与实施中的突出问题

调查表明，教师在教育活动的计划与实施中的突出问题主要表现为三个方面。

一是课程随意性大，过分强调特色导致幼儿的学习内容不均衡、不全面。有些幼儿园或班级由于要创建某方面的特色或园本课程，或鼓励教师形成个人的特长或特色，导致某方面的活动和教育内容比例过多而其他方面的活动不足，影响了幼儿的全面学习和均衡发展。

二是对活动目标的把握不准确。目前，幼儿园教师尤其是入职时间比较短、比较年轻的教师，对于幼儿、对不同学科领域都缺乏应有的了解和把握。对不同年龄的幼儿应该学什么？会做什么？能达到什么水平？当前的经验水平又怎样？把握不够，了解不足。对健康、语言、社会、科学、艺术等五大领域的学科特点和教育特点缺乏基本的了解和准确的把握，导致在计划和设计教育活动时，教育目标的适宜性比较差，要么没有挑战性，要么超出幼儿能够达到的水平。

三是因人施教的能力还有待提高。由于教师关注个体幼儿不够，教育活动的设计与实施过程往往主要指向集体，对个性化的教育方案缺少充分的思考和预设，在实施过程中面对幼儿多样化的个体反应和行为表现缺乏适宜的应对策略，往往只会按预设的单一情况推进，大大降低了教育活动的有效性。

分析原因可见，目前课程计划的制订过多依赖教师个体，缺乏年级组教师的共同研究，缺乏园所层面的有力指导和引领。对幼儿的关注和研究不够

也是根本原因之一。因此，需要提高教师个体制订教育计划的能力，并加强教师小组的共同研究与商讨，加强对幼儿的研究，加深对幼儿的理解。在园所层面，需要有精通专业的领导者带领教师共同研究和制订教育活动计划。

三、提升教师教育活动计划与实施能力的重点

幼儿园教师教育活动的计划与实施能力基于对幼儿、学科领域、教育教学方式的通透把握和全面了解。

(一)制订合理的阶段性教育活动计划

专业的幼儿园教师应以学年、学期为时间单位，制订长期教育活动计划，确保幼儿进行全面的、均衡的、基本的学习，获得良好的发展。《指导纲要》与各地方的实施细则，是教师制订阶段性教育计划的依据和参考。

教师要认真学习和领会、全面了解和把握《3～6 岁儿童学习与发展指南》的基本要求，对不同年龄阶段幼儿的学习与发展目标有基本的了解和把握，熟知不同年龄的幼儿应该学什么和能够学什么。

教师还要在制订阶段性教育活动计划时统筹考虑幼儿的各个生活环节和游戏活动，注意教育的综合性和在一日生活和游戏等各项活动中的渗透。

(二)确定适宜的教育活动主题和目标

专业的幼儿园教师应以月和周为时间单位制定幼儿感兴趣且具有教育价值的活动主题和目标。

教育活动主题与目标的确立可以按生成和预设两种途径进行。生成性途径是关注、研究和发现幼儿的兴趣与需求，如收集幼儿关注的诸多事物或提出的问题；继而对幼儿的兴趣点和关注点进行教育价值判断，实现幼儿的兴趣需求与教育目标的有机结合；将确定的问题、内容进行分类，构成有意义的主题。预设性途径是教师预设教育活动目标，选择具有典型意义的内容和主题，然后创设既蕴含着符合教育目标与价值又能引起幼儿兴趣的教育情境，并将幼儿引入情境，使幼儿积极主动地学习教师预设的主题与内容。这两条确定活动主题和目标的途径都需要教师能够对幼儿有深入的了解、对学科领域特点有本质的认识、对教学方法与策略有通透的把握。

(三)提供适宜的活动材料与资源

幼儿的学习有着鲜明的年龄特点，即以操作材料为中介。在教育活动的设计中，为引导幼儿积极主动而有效地学习，教师应精心设计和选择材料，充分发挥材料的支持作用。

专业的幼儿园教师应根据学习领域的特点与性质及教育活动目标，选择、研究操作材料、“教材”及相关的资源，这是保证教育活动质量的基本前提和重要基础。就科学活动而言，孩子们的操作材料可能是各种物质材料和工具，也可能是其他可观察和操作的实物；在音乐活动中，“教材”主要是指音乐作品，而在语言活动中主要是指文学作品。教师对材料和作品的把握直接影响教育活动的质量和效果。

(四)根据不同领域的特点，支持幼儿的主动学习

幼儿主动学习的特点表现为：积极主动的情绪状态、积极主动的建构过程、获得真正内化的知识经验。当幼儿处于积极主动的情绪状态时，他们对学习活动有兴趣、有需求，活动中专心而投入，围绕着学习任务积极寻找各种有效的办法和解决问题的途径。幼儿积极主动的学习过程体现在幼儿能够按照自己的学习方式和速度进行学习，而且以相互作用的方式进行学习，即幼儿通过操作物体、与人交往交流来学习有关物质世界和人与人之间关系的知识经验。获得真正内化的知识经验是指幼儿经过自己的直接参与获得真正理解的知识经验。

专业的幼儿园教师应该会设计这种能引导幼儿主动学习的教育过程和方式、方法，并灵活地在实践中实现幼儿的主动学习。《专业标准》特别强调支持幼儿的操作探索、交流合作、表达表现。这就要求教师根据不同领域的特点，支持幼儿的主动学习，如语言领域强调表达与交流、陶冶与运用，社会领域强调尊重、关爱与体验，科学领域强调探索与发现、艺术领域强调感受与欣赏，表现与创造等。

(五)因人施教，有效指导

《指导纲要》中要求幼儿园教师要：尊重幼儿的发展水平、能力、经验、学习方式等方面的个体差异，因人施教，努力使每一个幼儿都能获得满足和

成功。

专业的幼儿园教师应该知道并认同幼儿的学习方式的多样性，并在教育方案设计和实施过程中都充分考虑到幼儿需求和发展的多种可能性，能运用多种技能进行教学，以适应幼儿学习的多样性和满足每一个儿童的不同需要。

做到因人施教和有效引导，教育活动中对幼儿的观察是关键。专业的幼儿园教师要善于根据幼儿的表现和需要，适时地调整活动的进程与方式，给予幼儿适宜的指导。一味关注自己的教学过程，忽视幼儿的表现和需要的做法，不是专业教师的行为。

第六节　激励与评价能力

评价是教育过程的重要组成部分，是改进教育和促进幼儿良好发展的重要手段，也是教师自我成长的重要途径。《指导纲要》中指出：评价的过程，是教师运用专业知识审视教育实践，发现、分析、研究、解决问题的过程，也是教师自我成长的重要途径。教师要在教育实践中不断获得专业进步，就应该学会有效运用评价。

一、激励与评价能力的基本要求

《专业标准》对幼儿园教师的激励与评价能力提出了三个方面的基本要求，指出了幼儿园教师进行评价工作的基本方向、应该掌握和运用的基本方法以及评价的作用和目的。

52. 关注幼儿日常表现，及时发现和赏识每个幼儿的点滴进步，注重激发和保护幼儿的积极性、自信心。

53. 有效运用观察、谈话、家园联系、作品分析等多种方法，客观地、全面地了解和评价幼儿。

54. 有效运用评价结果，指导下一步教育活动的开展。

深入学习和领会《专业标准》对幼儿园教师激励与评价能力的要求要与专业理念与师德、专业知识联系起来。在专业理念与师德部分，要求幼儿园教师要“信任幼儿，尊重个体差异，主动了解和满足有益于幼儿身心发展的不同需求”(见第8条)；在专业知识部分要求幼儿园教师要“掌握观察、谈话、记录等了解幼儿的基本方法”(见第30条)。只有具备了这些相关的专业理念与专业知识，才能适宜、有效地运用评价手段激励和促进幼儿的发展。

深刻理解《专业标准》中的相关要求还要与《指导纲要》中的相关要求联系起来。《指导纲要》对教育工作的评价重点和对幼儿评价的重点都提出了具体要求。提出：评价应自然地伴随着整个教育过程进行。综合采用观察、谈话、作品分析等多种方法。还特别强调：幼儿的行为表现和发展变化具有重要的评价意义，教师应视之为重要的评价信息和改进工作的依据。并要求在评价教育工作时重点考察五个方面：①教育计划和教育活动的目标是否建立在了解本班幼儿现状的基础上。②教育内容、方式、策略、环境条件是否能调动幼儿学习的积极性。③教育过程是否能为幼儿提供有益的学习经验，并符合其发展需要。④教育内容、要求能否兼顾群体需要和个体差异，使每个幼儿都能得到发展，都有成功感。⑤教师的指导是否有利于幼儿主动、有效地学习。

《指导纲要》要求对幼儿发展状况的评价也要注意五个方面：①明确评价的日的是了解幼儿的发展需要，以便提供更加适宜的帮助和指导。②全面了解幼儿的发展状况，防止片面性，尤其要避免只重知识和技能，忽略情感、社会性和实际能力的倾向。③在日常生活与教育教学过程中采用自然的方法进行。平时观察所获得的具有典型意义的幼儿行为表现和所积累的各种作品等，是评价的重要依据。④承认和关注幼儿的个体差异，避免用划一的评价标准评价不同的幼儿，在幼儿面前慎用横向比较。⑤以发展的眼光看待幼儿，既要了解现有水平，更要关注其发展速度、特点和倾向等。

二、教师在激励与评价方面的突出问题

从相关研究来看，有关儿童发展评价的研究不多，以观察为主要方法的评价研究更少。在实践层面，采用儿童发展档案袋评价的方式对幼儿发展进行的评价比较多，教师对评价取向、评价方法的掌握和运用还存在很多问题，

突出地表现在以下几个方面。

(一)不重视且不会观察幼儿

在现实中，教师往往关注较多的是自己怎么做的，反思的是自己这样做是否适宜；当问到幼儿有什么反应时，教师往往印象就不深了，有时能说出幼儿的某些情况，却说不清楚儿童的具体反应。从目前的普遍情况来看，教师的观察多以一般巡视为主，有目的的观察不多。那些比较“重视”观察的教师往往不会观察孩子，“读不懂”孩子，不会根据孩子的表现判断他们的需求和发展水平。从教师的文案工作来看，所写内容涉及幼儿观察与评价的内容并不多。尽管也有些教师为幼儿建立了发展档案，但里面仅仅是放一些幼儿的作品或活动时的照片而已，没有真正意义上的评价内容。

(二)消极评价还在一定程度上存在

调查发现，在教育实践中仍然有近三成的幼儿园教师习惯于消极评价，喜欢否定幼儿，只看到幼儿的缺点，看不到幼儿的优点；也有的教师喜欢用横向比较的方式来指出某幼儿的不足；甚至个别教师还发动众幼儿对班里某一“落后”幼儿一致批评等过激的评价方式。上述这几种评价方式都不是专业教师应有的行为。因为这些消极的评价方式不但达不到引导幼儿正确行为方向的目的，反而使幼儿失去进步的信心和勇气。

(三)笼统评价多，缺少具有促进性的评价

许多研究和教育实践一再证实，教师采用具体性评价的方式比采用笼统的一般性评价更有利于幼儿的学习和发展。具体性评价能够使幼儿明确了解到自己哪些行为是适宜的，哪些行为是不适宜的；不同活动结果所具有的不同意义，从而使幼儿的学习成果、适宜行为得以不断地强化、深化和扩展。而一般的、笼统的评价则不能起到这样的作用。从现实情况来看，教师的绝大部分评价都比较笼统，具体的有促进作用的评价不多。

三、提高教师激励与评价能力的重点

观察是专业的幼儿园教师的基本功。观察能让教师觉察幼儿的需求、判

断幼儿的发展水平、设计更适宜的发展目标和教育活动。专业的幼儿园教师应该比一般的幼儿园教师更善于观察儿童。

(一)看到每一个孩子的独特性和优点

儿童发展心理学的研究早已揭示：儿童的发展是有差异的，不同的儿童在发展的起点上、速度上甚至是方向上都会有差异，这些基本理论幼儿园教师们在职前学习中也早已学过，但并未和幼儿园生活中看到的各不相同的孩子建立起联系。细心的观察让老师们亲眼见证了孩子们的各不相同。

另外，教师要树立正确的儿童观，要确信每个孩子的身上都有闪光点。带着这样的观念和态度去观察和了解幼儿，才能从幼儿日常表现中及时发现每个幼儿的点滴进步，才能用赏识的眼光看待幼儿的点滴进步，对幼儿的点滴进步给予及时的、适宜的鼓励，才能激发和保护幼儿的积极性和自信心。

(二)客观、全面地了解和评价幼儿

对幼儿的观察要在自然状态下进行才能获得客观、真实的现象。我们观察到的应该是幼儿行为的常态。许多研究都发现：当儿童意识到我们是在观察他时，他的行为方式会发生改变，他可能会变得拘谨或有点儿尴尬，也有可能表现得特别好。总之，在非自然常态的情境下观察，孩子的行为可能会失真。

深入细致的观察和评价每一位儿童，学习使用实况观察记录、轶事观察记录、日记描述等叙述性观察方法，还需要使用矩阵与图示等不同的观察记录方法，连续地观察和了解儿童。

评价幼儿需要连续性观察。记得一位英国幼儿教育家在谈论有关观察儿童的话题时说过：单独的一次观察如同用相机拍一张照片，虽然相机不会说谎，但它有可能歪曲事实。我们不能根据单一的一次观察来评判一个幼儿。我们可以对一个问题加以重视，但要多关注一段时间，以便得出有根据的结论。作为专业的幼儿园教师，对同一儿童的连续观察，或对某一组儿童的某一项活动进行连续的观察，才能看到孩子发展和进步的过程，才能全面客观地对幼儿做出评价。

全面观察和了解幼儿也至关重要，专业的教师不仅要看到幼儿的发展过程，还要看到孩子在各个方面的发展。可以参考《3～6 岁儿童学习与发展指南》(以下简称《发展指南》)从不同的发展方面全面地评价幼儿在各个方面的发展。当然，对幼儿的全面评价需要从不同的教师、从家长等不同的方面获得全面的信息。

因此，秉持评价的激励方向与功能，做到评价的真实性、全面性、过程性和多途径是做好评价工作的关键。

(三)有效运用评价结果改进保教工作

评价最根本的目的是改进教育教学，更有效地促进幼儿的发展，而不是把幼儿分层分等或贴标签。即使评价幼儿的发展状况和水平，也是为了更好地了解幼儿，使教师做到心中有数，以便制定更加具有个性化的、适合幼儿个体需要的保育和教育方案，选择更加适宜的教育策略，更有效地促进幼儿的良好发展。因此，每一位教师都应善于用有效的方式积累评价的信息和资料，建立评价的文案尤其是有关幼儿发展的文案，定期和及时撰写幼儿观察笔记相结合，定期(如周、月或季度、学期)系统分析幼儿的发展需求，教师小组分析和教师与家长共同分析评价资料也非常必要，在此基础上改进保教工作。

第七节　沟通与合作能力

沟通与合作是人类生存与发展的重要条件，也是教育的重要途径与手段，在幼儿园教育阶段尤其重要。因此，专业的幼儿园教师必须具备沟通与合作的能力，善于与幼儿、与同事、与幼儿家长乃至与社区相关人员进行有效沟通与合作。

一、沟通与合作能力的基本要求

《指导纲要》中指出，教师应成为幼儿学习活动的支持者、合作者、引导者。《指导纲要》不仅对幼儿园教师与幼儿的有效沟通与交流提出了要求，还提出家庭是幼儿园重要的合作伙伴。应本着尊重、平等、合作的原则，争取家长的理解、支持和主动参与，并积极支持、帮助家长提高教育能力。充分利用自然环境和社区的教育资源，扩展幼儿生活和学习空间。可见，落实《指导纲要》需要幼儿园教师具有多方面的沟通与合作能力。

《专业标准》对幼儿园教师的沟通与合作能力提出了五项基本要求：

> 55. 使用符合幼儿年龄特点的语言进行保教工作。
> 56. 善于倾听，和蔼可亲，与幼儿进行有效沟通。
> 57. 与同事合作交流，分享经验和资源，共同发展。
> 58. 与家长进行有效沟通合作，共同促进幼儿发展。
> 59. 协助幼儿园与社区建立合作互助的良好关系。

上述五项基本要求是从教师与幼儿、教师与同事、教师与家长、幼儿园与社区相关人员这四对关系的角度提出来的，涉及幼儿园教师的主要工作对象和相关人群。在学习和领会《专业标准》对幼儿园教师沟通与合作能力的要求时，也要结合专业理念与师德、专业知识方面的要求。如在专业理念与师德部分，要求教师“具有团队合作精神，积极开展协作与交流”(见第 5 条)；“乐观向上、热情开朗，有亲和力”(见第 17 条)；“善于自我调节情绪，保持平和心态”(见第 18 条)；“重视幼儿园、家庭和社区的合作，综合利用各种资源”(见第 15 条)。这些重要的意识和态度也直接或间接地影响着幼儿园教师的沟通与合作能力。

二、教师在沟通与合作中的突出问题

近年来，幼儿园教师比较注意提高自身的沟通与合作能力，尤其是教师与幼儿、教师与家长的沟通与合作。随着幼儿园与社区的交流增加，幼儿园教师也注意到要提高自身与社区相关人员的沟通能力，以促进幼儿园与社区的协作与互助关系。当前幼儿园教师在沟通与合作能力方面针对不同的对象有不同的问题存在，但教师与幼儿和家长的交流合作中问题更突出些。

(一)教师倾听幼儿少

对教师行为的观察发现，教师倾听幼儿比较少，对幼儿的单向要求和讲述多。在教育活动中教师倾听幼儿多些，而其他情况下教师极少倾听幼儿。这种状况使教师无法深入了解和满足幼儿多方面的需求，与幼儿有效的沟通与互动也就缺少了前提和基础。

(二)师幼的沟通与互动质量不高

国内外相关研究表明：师幼互动是影响幼儿发展最为直接和关键的因素。调查发现，师幼互动中存在的主要问题表现在：有质量的深度互动不多和互动时缺乏情感交流两个方面。从师幼互动的过程来看，教师往往忽视幼儿的想法和个性化的需求，容易从自己的角度去判断和衡量，一旦不符合自己的期望，就简单地命令幼儿改正，或者以冷处理的方式让幼儿自动停止。简单地以幼儿执行或服从为结果的互动比较多，很难促进幼儿互动愿望和和谐师幼关系的建立，幼儿在互动中的收获也很有限。从师幼互动的内容来看，主要是围绕着学习、纪律与生活三大内容，极其缺乏平等、温馨的情感交流，以情感交流为主的互动内容极少。从互动后幼儿的情绪表现来看，幼儿情绪表现紧张或淡漠的比较多，师幼互动气氛在一定程度上的沉闷、压抑，往往使幼儿逃避与教师的互动、交流。

(三)对家长资源的利用较多，与家长的合作还需加强

家园共育是幼儿园教育的重要特征之一，幼儿园教师一般都比较重视幼儿园与家长的合作，也有一些教师能够将家长作为教育资源，主要包括请家长提供物质材料或其他条件，如一起收集信息资料、废旧物品、参与班级的环境布置等；外出活动时请家长参与和提供各种帮助等。但深入利用家长资源和让家长深度参与幼儿教育还不够。适宜的做法可以是：利用家长的职业特点和相关优势，请家长参与班级的相关主题教育活动；教师和家长一起就个别幼儿的教育问题共同讨论，共同寻求更加适宜的个别化教育方式等。

三、提高教师沟通与合作能力的重点

教师的职业特点决定了教师要善于与人打交道，善于与幼儿及其家长、同事同行及其他相关的人进行沟通与合作。相对于其他学段来说，由于幼儿年龄小，其语言能力和交往沟通能力都比较弱，更需要幼儿园教师具有很强的沟通与合作能力。

(一)提高自身的亲和力

陈鹤琴先生说过：一个满面笑容的教师，大家都会喜欢。儿童是最有感情的，你态度和蔼，开口常笑，使儿童感到温暖，感到亲切，儿童就会接近你。孩子更喜欢和和蔼可亲的教师交往和交流。有亲和力、和蔼可亲的教师不仅儿童喜欢，和家长也容易沟通与合作，容易取得家长的信任。

《指导纲要》要求：教师要以关怀、接纳、尊重的态度与幼儿交往。耐心倾听，努力理解幼儿的想法和感受，支持、鼓励他们大胆探索和表达。因此，每一位幼儿园教师都要培养自己的爱心和耐心，不断在实践中自我修炼，提高自己的亲和力，做和蔼可亲的教师。

(二)学会倾听幼儿

倾听是有效人际沟通的重要元素，是更好地理解别人和表达自己的前提。教师倾听幼儿的表达是了解幼儿的观点、想法，进而判断幼儿的情绪情感、经验水平、不同需求的重要前提和条件。善于倾听幼儿也体现了幼儿园教师对幼儿主体地位的尊重。在倾听和了解幼儿基础上采取的指导、建议和评价等教育行为才能更加适宜、有效和有针对性，而且能够让幼儿感受到教师对他们的尊重，并从教师身上学到如何倾听和尊重别人。

专业的幼儿园教师应以朋友和伙伴的身份蹲下来，细心、耐心、专心地倾听幼儿的讲话。以鼓励和耐心的表情倾听幼儿的讲述，不随便打断幼儿说话，在必要时用点头、微笑和简短的询问表示教师在倾听、关心并努力理解幼儿的讲话内容。在倾听结束时，教师要用语言、动作和表情表示自己重视并理解了幼儿刚才讲的话，而且要对幼儿的需求和请求给予及时、适宜的回应。

(三)提高与幼儿互动的能力和水平

《指导纲要》中要求教师要：关注幼儿在活动中的表现和反应，敏感地觉察他们的需要，及时以适当的方式应答，形成合作探究式的师生互动。

教师的适宜行为与高质量的师幼互动应该表现为：①教师经常与幼儿交往，并表现出对幼儿的关爱、兴趣和尊重；②教师在幼儿视线可及的地方，并且在需要时及时对儿童做出反应；③教师经常与儿童个别交谈，并鼓励所有的儿童运用语言进行交谈；④教师平等地对待与尊重不同家庭背景和文化背景的儿童、不同性别的儿童；⑤教师认可并鼓励幼儿的亲社会行为，如合作、轮流、以讨论的方式解决问题、关心他人。教师支持儿童之间萌发的友谊，并给儿童提供和同伴及成人相互学习的机会。专业的幼儿园教师应努力让每一次师幼互动都富有成效和激励作用。

(四)与家长建立有效的合作关系

专业的幼儿园教师要将家长视为教育孩子的合作者。认识到家长的支持与合作有利于激发幼儿学习的动机，更好地适应幼儿园生活，形成更适宜的教育方案与策略。

专业的幼儿园教师要尊重家长。尊重家长们不同的家庭背景、家长的能力和兴趣，采取多种有效的策略鼓励家长参与孩子的教育。

专业的幼儿园教师要能够与家长有效地交流与合作。通过各种途径、运用各种形式主动向家长提供幼儿园教育的相关信息以及幼儿在幼儿园所取得的各方面进步；倾听家长的需求和建议；要激发家长对幼儿教育的兴趣，并且通过各种方式协助家长在家庭中支持儿童的学习与发展；非常重要的是与家长共同协商，针对个体幼儿的不同情况，制定适应个体需要的教育方案。

(五)建立与同事间的良好沟通与合作伙伴关系

幼儿园教师与同事的沟通与合作首先是幼儿保教工作的需要。每一位专业的幼儿园教师都应善于及时和定期地与同年龄班尤其是本班教师进行沟通交流，共同分析和判断幼儿的特点、需求和经验水平，共同协商制定适宜的教育计划和方案。

幼儿园教师与同事沟通与合作也是教师专业发展的需要。专业的教师能够客观公正地评价其他教师的知识、能力，通过各种有效的方式鼓励与促进同事的专业发展，并且支持整个合作团队的发展；懂得同伴是自身专业水平提高的重要资源，乐于与同伴分享和交流教育实践中的问题与经验，共同探讨和合作解决工作中的困难和问题；善于与同伴合作进行专题研究，不断提高自身研究和改进教育实践的能力。此外，教师通过参与网络交流、专业化组织、协作等活动，不断与同行交流与合作，实现专业的共同发展。

第八节　反思与发展能力

教师是反思性实践者，在研究自身经验和改进教育行为的过程中实现专业发展。教师是终身学习者，在持续学习与不断完善自身素质的过程中实现专业发展。因此，专业的教师必须具备反思与发展能力。

《专业标准》中教师的反思与发展能力包含反思能力和自我发展能力两个方面。教师反思能力即教师在教育过程中将自我与教育活动作为意识对象，不断进行主动的思考、评价、探究、调控改进的能力。教师的自我发展能力是指教师根据自身发展的需要，制定和实施适宜的发展规划，实现自身专业发展的能力。

一、教师反思与发展能力的基本要求

《专业标准》对幼儿园教师的反思与发展能力提出了三项基本要求：

60. 主动收集分析相关信息，不断进行反思，改进保教工作。
61. 针对保教工作中的现实需要与问题，进行探索和研究。
62. 制定专业发展规划，积极参加专业培训，不断提高自身专业素质。

深入理解和领会《专业标准》对教师反思与发展能力的要求，需要与标准的其他部分的要求相联系，整体考虑。如在基本理念部分强调：教师要把学前教育理论与保教实践相结合，突出保教实践能力；研究幼儿，遵循幼儿成长规律，提升保教工作专业化水平；坚持实践、反思、再实践、再反思，不断提高专业能力。学习先进学前教育理论，了解国内外学前教育改革与发展的经验和做法；优化知识结构，提高文化素养；具有终身学习与持续发展的意识和能力，做终身学习的典范。在专业理念与师德部分，特别要求幼儿园教师要“勤于学习，不断进取”。

二、教师在反思与发展能力方面存在的主要问题

调查研究发现①，幼儿园教师普遍认同反思对提高自身专业能力、改善实践工作很有帮助。但对于反思的理解和运用还有一定的偏差。

理解有偏差。从对反思的理解看，有近三分之一的教师对反思的理解有一定偏差，如认为反思交流是宣泄情绪、排解不快、调整心态的手段。

方法单一。在反思方法上，教师认为最有价值也是最常用的是交流式反思，而比较不愿意自我内省式反思或撰写文字材料的反思方式。教师反思方式单一也会影响反思的效果，缺少内省也会使反思流于表面。

缺少批判性。从反思的性质看，教师的反思多指向教育过程中的材料准备、教具的使用、教师的提问等教育手段、方法的技术性反思，而很少对教育教学的理论依据、既定教育目标、内容、过程中本质性问题以及原有思维模式、行为习惯等提出质疑，即缺少批判性反思。

内容不全面。从反思的内容来看，教师明显地对幼儿已有经验、年龄特点、学习特点、现有发展水平与发展需要分析不足，对幼儿在活动中的反应与表现关注不够。

时机把握有问题。从反思的时间来看，教师多进行行动后的反思，而对“行动中反思”认识不足，没有意识到在教育实践情境中也可以进行反思。因此，教育过程中的反思与调整机会往往错失。

教师撰写教育笔记也是教师反思教育经历、自我剖析的过程，从教师教育笔记的撰写也可以反映教师在反思中存在的问题。存在的主要问题是：教育笔记相对写的多，而幼儿观察笔记写的少；找不到事情可写，或无奈之下写自认为一般的事件；找不准问题或分析的观点有误。因此，将教师撰写教

---

① 朱晓娟. 幼儿园教师反思能力培养研究[M]. 北京：教育科学出版社，2008：11-16.

育笔记与反思联系起来，有助于提升教师的反思。

三、提高教师反思与发展能力的重点

幼儿园教师的专业发展是一个持续的、长期的积累过程，需要教师有自我发展的意识，不断进行专业发展规划，不断提升反思能力。

(一)学会反思，提高反思能力

反思能力的提高需要幼儿园教师明确反思的依据，知道根据什么进行反思；需要明确反思的内容，即反思什么；还要有反思的思路和方法，即知道怎样进行反思。

1. 明晰反思的依据

反思的过程与评价的过程相互联系。专业的幼儿园教师应将评价中获得的信息资料，作为重要依据，对照《指导纲要》和《发展指南》的教育理念、教育目标、内容要求与实施建议，反思自身教育行为的适宜性。因此，评价的结果和《指导纲要》和《发展指南》应作为幼儿园教师反思的依据。

2. 明确反思的内容

教师需要在观察、了解幼儿的学习水平、表现与结果的基础上进行反思。反思的主要内容因工作的任务与要求不同而有所不同，环境的创设与利用、一日生活的组织与保育、游戏活动的支持与引导、教育活动的计划与实施以及激励与评价等方面的工作都需要反思。反思的重点主要包括：幼儿的发展、教育内容与方式、教育效果。

以教育活动的计划与实施为例，反思的重点可以是：①活动目标、任务与内容的适宜性。反思教育活动的内容、任务是否符合幼儿的现有水平且具有一定的挑战性；教育活动目标是否建立在了解本班幼儿现状的基础上，幼儿是否获得发展和成功感。②教育过程与方式的适宜性。反思教学是否兼顾了群体需要和个体差异，幼儿在学习过程中是否处于积极主动的状态，教育教学方式与策略是否具有适宜性。③教育结果的有效性。反思幼儿在学习中是否获得了具有发展价值的有益经验等。

3. 有基本的反思思路

有效反思的基本思路是：发现——思考——实践尝试与改进的循环过程。在实践中发现幼儿学习行为和结果与教师预期之间的差距——学习和重温《指导纲要》和《发展指南》中的相关理念与要求——对应分析自身的教育行为与幼儿的表现，如出现偏差和问题时寻找问题的症结——预想调整方案并尝试改进，或强化有效的教育行为——再观察与发现——再思考与调整……

4. 通过多种途径获取信息，进行反思

专业的幼儿园教师能够通过与幼儿的互动、倾听家长与同事的意见、观察其他教师的实践等方式获得有关自己教育实践结果的相关信息，并且对这些信息进行认真仔细的分析与判断；对新的儿童发展知识与早期儿童教育理论持一种完全开放的心态，并且希望通过有效的学习与反思不断改善自己的教育教学水平，促进自己的专业发展；还能够通过各种方式促进自己对教育实践的反思，如阅读专业论著、参加专业培训班、参加各种教育专业团体的活动以及参与各种教育项目研究等。

(二)开展实践研究，提高研究和改进实践的能力

专业的幼儿园教师必须学会针对保教工作中的现实需要与问题，进行探索和研究。我们也可以称之为行动研究。

教师开展实践研究的内容可以是各个方面的，例如，研究适宜的教育活动主题和目标，使活动主题和目标既符合幼儿的兴趣需求又具有教育价值；研究活动区域和材料提供，让每一个区域及其材料都能促进幼儿的积极而有效学习；研究生活环节，探讨如何利用生活环节中的教育契机等。

教师对自身实践进行的行动研究有不同的方式，案例研究、叙事研究、作品取样系统研究是当前使用比较多、比较有效的研究方法。

此外，专业的幼儿园教师要与时俱进，随时了解学前教育的发展动向和研究成果，善于吸纳和运用新的研究方法，不断研究和改进自身的教育实践。

(三)学会自我规划，实现自我发展

有人把专业发展的规划称为专业发展路标。的确，有了专业发展的规划才有了专业发展的方向；有了专业发展的方案才有了路径；有了研究和反思的习惯，才会有不断发展的可能。要提高幼儿园教师自我规划与发展的能力，就要学会根据自身的需要制定适宜的自我专业发展方案，并不断强化自身的研究和反思意识，逐步养成研究和反思的习惯。

制定适宜的自我专业发展方案。达到《专业标准》的要求是幼儿园教师进入职场、在专业化道路上迈出的第一步，也是重要的基础的一步。为了达成《专业标准》中的基本要求，教师要对照各项要求反思和评估自身的优势与问题，找出自身的薄弱环节和需要努力的方面，制定自身专业发展的规划，每学期制定自我发展的方案，明确学期自我发展目标，确定发展的方法与途径，并确保实施自我专业发展的方案。每学期结束时，要对照专业发展规划和发展方案，反思和评估达成的情况。

养成研究和反思的习惯。幼儿园教师要认识到对自己的保育和教育实践活动进行定期反思是一个专业教育工作者的重要责任，要养成定期分析、评估和总结自己保育和教育实践活动的习惯，以提高工作的质量和有效性。幼儿园教师要通过经常性的研究和反思实践，提高师德修养，扩展知识基础，提升教育实践能力。

第六章 《幼儿园教师专业标准(试行)》的实施

【导读】 新时期，我国幼儿园教师队伍建设的目标是：造就一支师德高尚、热爱儿童、业务精良、结构合理、充满活力的高素质专业化幼儿园教师队伍。要充分发挥《专业标准》对于我国幼儿园教师队伍建设的导向功能，通过教育行政部门、开展幼儿园教师教育的院校、幼儿园管理者以及幼儿园教师的共同努力，实现建设高素质专业化幼儿园教师队伍的目标。

第一节 教育行政部门要将《幼儿园教师专业标准(试行)》作为幼儿园教师队伍建设的基本依据

贯彻和实施《专业标准》，是提高幼儿园教师专业素质的重要举措，也是提高幼儿园教师社会地位乃至学前教育专业地位的重要条件。

总的来说，各级教育行政部门要根据学前教育改革发展的需要深化教师教育改革，建立教师教育质量保障体系，不断提高幼儿园教师培养培训质量。制定幼儿园教师准入标准，严把幼儿园教师入口关；制定幼儿园教师聘任(聘用)、考核、退出等管理制度，保障教师合法权益，形成科学、有效的幼儿园教师队伍管理和督导机制。

具体来说，各级政府可以从以下几个方面发挥《专业标准》在幼儿园教师队伍建设和管理中的引导作用。

一、依据《专业标准》把好教师队伍的入口关和质量关

各级教育行政部门应该依据本《专业标准》中对合格幼儿园教师基本专业素养的规定，设定幼儿园教师的准入、聘用、资质考核、职称评聘、退出和质量监督等各个环节的相应标准，使教育行政部门对幼儿园教师队伍的行政管理工作具有专业性的理论依据。

各地教育行政部门可以在教师的准入、试用和职业生涯期的不同阶段，对教师队伍的质量进行过程性和全程性的质量监控与管理的探索，不断积累有效的幼儿园教师队伍管理经验。

二、将《专业标准》的实施与构建幼儿园教师质量标准体系统筹考虑

我国已经颁布的《教育法》《教师法》《教师资格条例及其实施方法》《中小学教师继续教育的规定》和《中小学教师职业道德规范》等教育法律法规和政策，指明了幼儿园教师队伍建设的方向。各级教育行政部门应该在国家现行法律法规和政策框架内，将《专业标准》的实施与构建幼儿园教师质量标准体系结合起来，统筹考虑，突出《专业标准》的应用性和评价性功能，一方面可以加快幼儿园教师质量标准体系构建的步伐；另一方面也能够保障其他标准的科学性、专业性。

各级教育行政部门应该将《专业标准》作为制定幼儿园教师资格考试标准、考试大纲和考试方案的依据，并且在制定小学教师转岗培训方案时能够按照《专业标准》中的具体规定统筹考虑，着重培训转岗教师的专业素养。教育行政部门要依据《专业标准》严把幼儿园教师的入口关，从源头上保障幼儿园教师的整体素质。

各级教育行政部门可依据《专业标准》并结合当地实际，研制幼儿园教师专业标准认证方案和相应的评估工具，还可尝试设立相应的机构或者委托第三方专业机构开展幼儿园教师专业发展水平认证工作。

三、先行试点，逐步推进和完善《专业标准》

各级教育行政部门还应该对《专业标准》的实施过程进行科学的指导和严格的监控。建议各省市先选择若干地区作为试点，在地方教育行政部门和教师教育机构的指导下开展实验，对标准实施和教师践行状况进行跟踪调查和研究，及时分析，将实施结果反馈给教育部，以作为《专业标准》进一步修改完善的依据。

四、根据《专业标准》的要求重点提高农村幼儿园教师专业素养

当前，相对于城市而言，农村幼儿园教师专业素质和水平比较差，各级教育行政部门应根据《专业标准》的要求，重点提高农村幼儿园教师专业素养。

各省市幼儿师范院校可以为乡以下幼儿园提供定向式或订单式培养培训，也可以采用城乡对口帮扶等措施全面提高农村园教师专业水平。要特别注重学前班教师的培训和管理问题，普遍提高学前班教师的整体水平。在教育行政部门指导下，防止和纠正“小学化”倾向，做好幼小衔接。

《专业标准》是各级政府、师范院校和培养培训机构、幼儿园等托幼机构保障和提升幼儿园教师素质与水平，实现建设一支高素质专业化幼儿园教师队伍的基本和重要依据，也是幼儿园教师成长与自身发展的指南。

第二节　教师教育院校要将《幼儿园教师专业标准(试行)》作为幼儿园教师培养培训的主要依据

开展幼儿园教师教育的院校要将《专业标准》作为幼儿园教师培养培训的依据。重视幼儿园教师职业特点，加强学前教育学科和专业建设。完善幼儿园教师培养培训方案，科学设置教师教育课程，改革教育教学方式；重视幼儿园教师职业道德教育，重视社会实践和教育实习；加强从事幼儿园教师教育的师资队伍建设，建立科学的质量评价制度。

20 年以前，我国培养幼儿园教师的任务主要由中专层次的幼儿师范学校

担任，高等院校的学前教育专业培养幼儿师范的专业教师。20 世纪 90 年代以后在师范院校由中专、大专、本科三级层次逐渐向专科、本科转移。21 世纪前十年高等师范院校学前教育专业进一步发展，本科甚至硕士研究生开始深入幼儿园做教师。多层次培养幼儿园教师的教师教育机构的格局基本形成。但不同层次院校具有发展适宜性的培养培训目标、课程设置与内容、教学途径与方式还没有形成，仍在探索之中。因此，教师教育院校需要借助《专业标准》贯彻实施的时机，改革和完善具有层次性的培养培训的目标、内容与方式，大幅度提高培养培训的质量。

具体来说，幼儿园教师教育院校在贯彻《专业标准》时，可以从以下几方面着手。

一、幼儿园教师教育机构应该确定具有专业导向性的培养培训目标

幼儿园教师职前培养和职后培训机构需要依据《专业标准》中对合格幼儿园教师专业素养的具体规定明确不同层次和不同类型的人才培养培训目标，在此基础上确定每年度或每次培养培训的具体目标，以有助于发挥幼儿园教师培养培训的有效性。

幼儿园教师教育培训机构要按照《专业标准》和教师教育课程标准，调整学前教育专业成人教学计划，使在职幼儿园教师和准备从事幼儿园教育的人员，通过学前教育中专、大专、本科专业和自考学习，能够把握学前教育对教师的最新、最基本的要求。幼儿园教师教育机构要在承担幼儿园园长、教师的“国培”任务和各种培训项目中，主动贯彻实施《专业标准》的各项要求，提高培训质量。

二、幼儿园教师教育机构应该依据《专业标准》研制课程方案和设置课程

《专业标准》中对合格幼儿园教师的专业理念与师德、专业知识、专业能力三个方面做出了详尽的要求和描述，幼儿园教师的职前培养和职后培训的

最终目的都是为了促使幼儿园教师在这些具体专业素养方面的不断完善和提高，而这一最终目的的实现直接有赖于教师教育课程。因此，教师教育机构要明确与培养培训目标相对应的教师教育课程目标，根据学习对象、学习领域、学分要求等确立相应的课程结构，增加实践性和操作性课程，并提出课程实施和评价的要求。

培养幼儿园教师的院校还要认真学习贯彻教育部关于加强教师教育课程建设的意见，按照教师教育课程标准，修订人才培养方案，调整教学计划，加强学前教育学科建设，强化实践课程。学前教育本科专业要重视实践课程，加大社会实践和教育实习，提升学生对幼儿的教育技能和相关技能，以便更好地适应幼儿园教育的需要。学前教育专科专业要加强学生教育理论学习和研究能力，提高学前教育技能。使学生从事幼儿园教师工作后有自学和提升自我的能力。幼儿师范学校要传授给学生一定的广博的文化知识，转变会唱、会跳、会画就能当幼儿园教师的观念，切实提高学生的教育技能。高等职业学校和中等职业学校的学前教育专业的开设，是历史形成的特定产物。对一些地方解决幼儿园教师急缺问题发挥了作用，但教师专业化水平不高、数量不足、兼职教师过多，不太重视对未来教师的基本素养、基本教育理论和教育技能的培养。因此，要依据《专业标准》和教育部教师教育《课程标准》的要求，转变教育观念，完善课程设置，变革培养模式。

三、幼儿园教师教育机构应该依据《专业标准》变革教学方式

《专业标准》中突出强调了幼儿园教师的专业实践能力，而这种能力必须在实际操作中才可能获得。因此，变革传统的讲授式、理论式的教学方式，引导学习者在独立思考、相互研讨的基础上实现知识和能力的有机整合；采用参与式教学、经验分享以及见习、实习等多种教学途径，让学习者在实践中体验幼儿园教师的职业特点，逐渐形成对幼儿园教师职业及其专业性的认同，培养学习者的专业实践能力。

一些省市的教师教育机构还进行了将幼儿园作为教学和实践基地的探索，形成了教师教育院校与幼儿园的合作模式，在改善院校的教育实践效果、提

高学生的教育实践能力方面，积累了有益的经验。可以鼓励更多的院校进行相关的改革实验，探索幼儿园教师教育机构教学和教育实践的新模式。

四、幼儿园教师教育机构应该将《专业标准》作为自我评估的依据

相关主管部门应该将《专业标准》作为幼儿园教师教育机构资质认证以及教育教学质量评估的依据，幼儿园教师教育机构也应该将《专业标准》作为自我评估的依据。对幼儿园教师教育机构的管理和引导最终都必然会落实到人才培养质量上，《专业标准》对合格幼儿园教师专业素养的规定就是幼儿园教师教育机构人才培养的目标导向。

加强从事幼儿园教师教育的师资队伍建设，建立科学的质量评价制度。院校要按照幼儿园教师职业特点，按照《专业标准》培训从事教师教育课程的任课教师，使任课教师了解并把握学科任务，改革考核评价标准和方式方法，建立或完善正确的质量评价制度，以确保有计划、有目的地落实《专业标准》。

第三节 幼儿园要将《幼儿园教师专业标准(试行)》作为教师管理的重要依据

幼儿园要将《专业标准》作为教师管理的重要依据。制定幼儿园教师专业发展规划，注重教师职业理想与职业道德教育，增强教师育人的责任感与使命感；开展园本研修，促进教师专业发展；完善教师岗位职责和考核评价制度，健全幼儿园教师绩效管理机制。

幼儿园在依据《专业标准》进行教师管理时，具体可以从以下几方面进行。

一、依据《专业标准》制定幼儿园教师岗位职责

《专业标准》对合格幼儿园教师的专业素养进行了描述，其实就相应地阐述了幼儿园教师的岗位工作职责和工作内容，也就是对合格的幼儿园教师应该做什么、应该怎么做进行了规定。因此，幼儿园管理者应该根据《专业标

准》对合格幼儿园教师的应知应会的要求，确定幼儿园教师的岗位职责，这样不但可以使岗位职责明确到位，而且有利于教师理解执行。

二、依据《专业标准》制定幼儿园教师专业发展规划

幼儿园在依据《专业标准》制定幼儿园教师的发展规划时，要注重教师职业理想与职业道德教育，增强教师育人的责任感与使命感。《专业标准》显著特点是强调了幼儿园教师的专业化；强化了教师师德、素质、态度、行为、责任、形象的养成教育。幼儿园要利用学习贯彻落实《专业标准》的有利契机，制定本园教师专业发展规划，明确目标、任务、途径、步骤和方法，形成促进幼儿园教师专业化建设的新局面。要把制定专业发展规划的过程变成全员学习《专业标准》、理解基本理念、自觉加强师德建设、增强育人的责任感和使命感的过程，使教师专业化建设进入新层次。

在依据《专业标准》制定幼儿园教师专业发展规划时，既要考虑到教师群体的专业发展和教师队伍素质的整体提高，又要兼顾每一位教师的个人特点和发展需要，实现教师集体与教师个体的同步规划和同步提高。

三、将《专业标准》作为开展园本教研活动以及组织教师专业发展活动的依据

园本教研和教师专业发展活动的目的都是为了提高幼儿园教师的专业素养，并最终促进幼儿园保教质量的提高。幼儿园应该参照《专业标准》中对合格幼儿园教师专业素养的规定，结合本园教师的实际，分析不同教师在专业发展方面的优势和不足之处，在此基础上确定园本教研和教师专业发展活动的目标，设计园本教研和园所教师专业发展活动计划，才能保障园本教研和教师专业发展活动的针对性和有效性。

园本培训是教师继续教育的有机组成部分，是紧密结合实践的再学习、再反思、再提高。幼儿园要紧紧抓住《专业标准》等规范性文件和法规相继颁发的大好时机，进行园本培训。园本研修是教师自我成长和园所团队共同成长的有利形式，是结合园所实际探讨破解教育教学中遇到的重点、难点问题，

提升认识，摸索规律的有效方法。当前要以《专业标准》为抓手，进一步转变观念，统一认识，在促进教师专业发展上取得实质性进展。

四、完善教师岗位职责和考核评价制度，健全幼儿园绩效管理机制

幼儿园应该将《专业标准》作为考核、评价幼儿园教师工作以及进行幼儿园教师职称评聘、职务晋升等工作的依据。幼儿园可以对照《专业标准》中对幼儿园教师专业要求的具体规定考核在职教师工作胜任程度和专业发展状况，并将此作为幼儿园教师职称评聘、职务晋升、工作奖惩的主要支撑性依据，这必将有利于使幼儿园的教师队伍管理工作从行政性管理向专业化管理转变。

幼儿园要以《专业标准》为依据，重新审核完善教师岗位职责，按照三级指标 62 条项目，重新修订完善教师考核与评价制度。结合事业单位人事制度改革，健全绩效管理机制。各项制度的确立都要有利于激发教师的自觉发展和创造力的发挥，有利于落实促进幼儿健康快乐成长；有利于幼儿园建设充满活力的高素质专业化的教师团队。

第四节　幼儿园教师要将《幼儿园教师专业标准(试行)》作为自身专业发展的基本依据

幼儿园教师要将《专业标准》作为自身专业发展的基本依据。制定自我专业发展规划，爱岗敬业，增强专业发展自觉性；大胆开展保教实践，不断创新；积极进行自我评价，主动参加教师培训和自主研修，逐步提升专业发展水平。

《专业标准》明确了合格幼儿园教师的基本要求。幼儿园教师要达到《专业标准》的要求，需要认真学习，深入理解各项要求的精神实质，并在实践中不断反思、总结和提升自己的认识，实现专业水平的不断提高。

一、制定自我专业发展规划，爱岗敬业，增强专业发展自觉性

幼儿园教师在分析自身专业发展状况的基础上，依据《专业标准》对合格

幼儿园教师专业素养的具体规定制定自我发展规划，调整专业发展方案，选择专业发展路径，对自己的专业发展之路有一个更清晰的规划和设计，并且通过不断学习、研究与实践，不断反思与改进，以不断提高自己的专业发展水平。

每个教师都要按照《专业标准》制定自我专业发展规划。从自身的学历、专业、任教经历、园本文化、教师团队、对《专业标准》的初步理解、认知问题的程度、自我评价和发展目标等方面制定自我专业发展规划。规划是针对自己的，没有必要互相攀比。规划不一定很完美、很全面，是可以修改并进行局部变化的。

每个教师要牢固树立幼儿园是为基础教育打基础的阶段，既具有教育的共同特点和规律，又有幼儿年龄特征形成的特定发展规律和教育规律。所以幼儿园教师应该是也必须是专业化人才，必须要不断取得专业发展。好的幼儿园教师必须是学前教育专业化的人才。爱岗敬业，自觉进行专业化的发展是幼儿园教师的重要任务，是建设高素质专业化幼儿园教师团队的基本任务。

二、积极进行自我评价，主动参加培训和自主研修，逐步提升专业发展水平

幼儿园教师应该对照《专业标准》进行自我评价，客观分析自身专业素养与合格幼儿园教师专业素养可能存在的真实而具体的差距，对自己的专业发展水平和专业发展阶段有一个正确、科学、客观的自我认识。幼儿园教师还可以通过将《专业标准》中的相关要求与自身专业素养的详细比对，全面而详细发掘自己的专业优势和不足，进而能够更加有针对性地选择适合自身需要的专业发展提高的模式、课程、方式和内容等，更快地促进自我专业发展。

幼儿园教师专业水平的提升是一个渐进的过程，是一个实践、反思、提升、再实践、再反思、再提升的积累过程。只要坚定信心，反复研究和实践，必将取得专业发展和成效。每个幼儿园教师只要大胆开展保教实践，不怕挫折，不断创新，积极进行自我的评价，主动参加教师培训和自主研修，一定会不断提升专业发展水平，一定会成为合格乃至优秀的幼儿园教师。

附　录

附录1　教育部关于印发《幼儿园教师专业标准(试行)》《小学教师专业标准(试行)》和《中学教师专业标准(试行)》的通知

各省、自治区、直辖市教育厅(教委)，新疆生产建设兵团教育局，部属师范大学：

为贯彻党的十七届六中全会精神，落实教育规划纲要，构建教师专业标准体系，建设高素质专业化教师队伍，教育部研究制定了《幼儿园教师专业标准(试行)》《小学教师专业标准(试行)》和《中学教师专业标准(试行)》(以下简称《专业标准》)，现印发给你们，请结合实际认真贯彻执行。并就有关事项通知如下：

《专业标准》是国家对幼儿园、小学和中学合格教师专业素质的基本要求，是教师实施教育教学行为的基本规范，是引领教师专业发展的基本准则，是教师培养、准入、培训、考核等工作的重要依据。当前和今后一个时期，各地教育行政部门、开展教师教育的院校、中小学校和幼儿园要把贯彻落实《专业标准》作为加强教师队伍建设的重要任务和举措，认真制订工作方案，精心组织实施，务求取得实效。

各地、各校要采取宣讲、讨论、座谈、培训等多种形式，组织开展《专业标准》专题学习活动。充分利用报刊、电视、网络等各类媒体，广泛宣传《专业标准》的重要意义和主要内容，进一步提高全社会对教师专业特性的认识。通过学习宣传，帮助广大中小学、幼儿园教师和师范生准确理解《专业标准》的基本理念，全面把握《专业标准》的内容要求，切实增强专业发展的自觉性，把《专业标准》作为开展教育教学实践、提升专业发展水平的行为准则。

各地、各校要紧密结合实际，抓紧制订贯彻落实《专业标准》的具体措施。要依据《专业标准》调整教师培养方案，编写教育教学类课程教材，作为教师教育类课程的重要内容。将《专业标准》作为"国培计划"和"省培计划"等各级培训的重要内容，依据《专业标准》制定教师培训课程指南。将《专业标准》作为中小学和幼儿园教师考核的重要依据，进一步细化考核的内容和指标。教育部将组织编写《专业标准》解读，组织有关专家赴部分师范院校进行宣讲，并结合教师资格考试改革试点工作，适时修改完善教师资格考试标准和考试大纲。

各地、各部属师范大学学习宣传和贯彻落实《专业标准》情况要及时报送教育部。

附件：1. 幼儿园教师专业标准(试行)

2. 小学教师专业标准(试行)

3. 中学教师专业标准(试行)

中华人民共和国教育部

二〇一二年二月十日

附录 2　幼儿园教师专业标准(试行)

为促进幼儿园教师专业发展，建设高素质幼儿园教师队伍，根据《中华人民共和国教师法》，特制定《幼儿园教师专业标准(试行)》(以下简称《专业标准》)。

幼儿园教师是履行幼儿园教育教学工作职责的专业人员，需要经过严格的培养与培训，具有良好的职业道德，掌握系统的专业知识和专业技能。《专业标准》是国家对合格幼儿园教师专业素质的基本要求，是幼儿园教师实施保教行为的基本规范，是引领幼儿园教师专业发展的基本准则，是幼儿园教师培养、准入、培训、考核等工作的重要依据。

一、基本理念

(一)师德为先

热爱学前教育事业，具有职业理想，践行社会主义核心价值体系，履行教师职业道德规范，依法执教。关爱幼儿，尊重幼儿人格，富有爱心、责任心、耐心和细心；为人师表，教书育人，自尊自律，做幼儿健康成长的启蒙者和引路人。

(二)幼儿为本

尊重幼儿权益，以幼儿为主体，充分调动和发挥幼儿的主动性；遵循幼儿身心发展特点和保教活动规律，提供适合的教育，保障幼儿快乐健康成长。

(三)能力为重

把学前教育理论与保教实践相结合，突出保教实践能力；研究幼儿，遵循幼儿成长规律，提升保教工作专业化水平；坚持实践、反思、再实践、再反思，不断提高专业能力。

(四)终身学习

学习先进学前教育理论，了解国内外学前教育改革与发展的经验和做法；优化知识结构，提高文化素养；具有终身学习与持续发展的意识和能力，做终身学习的典范。

二、基本内容

维度	领域	基本要求
专业理念与师德	(一)职业理解与认识	1. 贯彻党和国家教育方针政策，遵守教育法律法规。 2. 理解幼儿保教工作的意义，热爱学前教育事业，具有职业理想和敬业精神。 3. 认同幼儿园教师的专业性和独特性，注重自身专业发展。 4. 具有良好职业道德修养，为人师表。 5. 具有团队合作精神，积极开展协作与交流。
	(二)对幼儿的态度与行为	6. 关爱幼儿，重视幼儿身心健康，将保护幼儿生命安全放在首位。 7. 尊重幼儿人格，维护幼儿合法权益，平等对待每一位幼儿。不讽刺、挖苦、歧视幼儿，不体罚或变相体罚幼儿。 8. 信任幼儿，尊重个体差异，主动了解和满足有益于幼儿身心发展的不同需求。 9. 重视生活对幼儿健康成长的重要价值，积极创造条件，让幼儿拥有快乐的幼儿园生活。
	(三)幼儿保育和教育的态度与行为	10. 注重保教结合，培育幼儿良好的意志品质，帮助幼儿养成良好的行为习惯。 11. 注重保护幼儿的好奇心，培养幼儿的想象力，发掘幼儿的兴趣爱好。 12. 重视环境和游戏对幼儿发展的独特作用，创设富有教育意义的环境氛围，将游戏作为幼儿的主要活动。 13. 重视丰富幼儿多方面的直接经验，将探索、交往等实践活动作为幼儿最重要的学习方式。 14. 重视自身日常态度言行对幼儿发展的重要影响与作用。 15. 重视幼儿园、家庭和社区的合作，综合利用各种资源。
	(四)个人修养与行为	16. 富有爱心、责任心、耐心和细心。 17. 乐观向上、热情开朗，有亲和力。 18. 善于自我调节情绪，保持平和心态。 19. 勤于学习，不断进取。 20. 衣着整洁得体，语言规范健康，举止文明礼貌。

续表

维度	领域	基本要求
专业知识	（五）幼儿发展知识	21. 了解关于幼儿生存、发展和保护的有关法律法规及政策规定。 22. 掌握不同年龄幼儿身心发展特点、规律和促进幼儿全面发展的策略与方法。 23. 了解幼儿在发展水平、速度与优势领域等方面的个体差异，掌握对应的策略与方法。 24. 了解幼儿发展中容易出现的问题与适宜的对策。 25. 了解有特殊需要幼儿的身心发展特点及教育策略与方法。
	（六）幼儿保育和教育知识	26. 熟悉幼儿园教育的目标、任务、内容、要求和基本原则。 27. 掌握幼儿园各领域教育的学科特点与基本知识。 28. 掌握幼儿园环境创设、一日生活安排、游戏与教育活动、保育和班级管理的知识与方法。 29. 熟知幼儿园的安全应急预案，掌握意外事故和危险情况下幼儿安全防护与救助的基本方法。 30. 掌握观察、谈话、记录等了解幼儿的基本方法和教育心理学的基本原理和方法。 31. 了解0～3岁婴幼儿保教和幼小衔接的有关知识与基本方法。
	（七）通识性知识	32. 具有一定的自然科学和人文社会科学知识。 33. 了解中国教育基本情况。 34. 具有相应的艺术欣赏与表现知识。 35. 具有一定的现代信息技术知识。

续表

维度	领域	基本要求
专业能力	(八)环境的创设与利用	36. 建立良好的师幼关系，帮助幼儿建立良好的同伴关系，让幼儿感到温暖和愉悦。 37. 建立班级秩序与规则，营造良好的班级氛围，让幼儿感受到安全、舒适。 38. 创设有助于促进幼儿成长、学习、游戏的教育环境。 39. 合理利用资源，为幼儿提供和制作适合的玩教具和学习材料，引发和支持幼儿的主动活动。
	(九)一日生活的组织与保育	40. 合理安排和组织一日生活的各个环节，将教育灵活地渗透到一日生活中。 41. 科学照料幼儿日常生活，指导和协助保育员做好班级常规保育和卫生工作。 42. 充分利用各种教育契机，对幼儿进行随机教育。 43. 有效保护幼儿，及时处理幼儿的常见事故，危险情况优先救护幼儿。
	(十)游戏活动的支持与引导	44. 提供符合幼儿兴趣需要、年龄特点和发展目标的游戏条件。 45. 充分利用与合理设计游戏活动空间，提供丰富、适宜的游戏材料，支持、引发和促进幼儿的游戏。 46. 鼓励幼儿自主选择游戏内容、伙伴和材料，支持幼儿主动地、创造性地开展游戏，充分体验游戏的快乐和满足。 47. 引导幼儿在游戏活动中获得身体、认知、语言和社会性等多方面的发展。
	(十一)教育活动的计划与实施	48. 制定阶段性的教育活动计划和具体活动方案。 49. 在教育活动中观察幼儿，根据幼儿的表现和需要，调整活动，给予适宜的指导。 50. 在教育活动的设计和实施中体现趣味性、综合性和生活化，灵活运用各种组织形式和适宜的教育方式。 51. 提供更多的操作探索、交流合作、表达表现的机会，支持和促进幼儿主动学习。

续表

维度	领域	基本要求
专业能力	（十二）激励与评价	52. 关注幼儿日常表现，及时发现和赏识每个幼儿的点滴进步，注重激发和保护幼儿的积极性、自信心。 53. 有效运用观察、谈话、家园联系、作品分析等多种方法，客观地、全面地了解和评价幼儿。 54. 有效运用评价结果，指导下一步教育活动的开展。
	（十三）沟通与合作	55. 使用符合幼儿年龄特点的语言进行保教工作。 56. 善于倾听，和蔼可亲，与幼儿进行有效沟通。 57. 与同事合作交流，分享经验和资源，共同发展。 58. 与家长进行有效沟通合作，共同促进幼儿发展。 59. 协助幼儿园与社区建立合作互助的良好关系。
	（十四）反思与发展	60. 主动收集分析相关信息，不断进行反思，改进保教工作。 61. 针对保教工作中的现实需要与问题，进行探索和研究。 62. 制定专业发展规划，积极参加专业培训，不断提高自身专业素质。

三、实施建议

（一）各级教育行政部门要将《专业标准》作为幼儿园教师队伍建设的基本依据。根据学前教育改革发展的需要，充分发挥《专业标准》引领和导向作用，深化教师教育改革，建立教师教育质量保障体系，不断提高幼儿园教师培养培训质量。制定幼儿园教师准入标准，严把幼儿园教师入口关；制定幼儿园教师聘任(聘用)、考核、退出等管理制度，保障教师合法权益，形成科学有效的幼儿园教师队伍管理和督导机制。

（二）开展幼儿园教师教育的院校要将《专业标准》作为幼儿园教师培养培训的主要依据。重视幼儿园教师职业特点，加强学前教育学科和专业建设。

完善幼儿园教师培养培训方案，科学设置教师教育课程，改革教育教学方式；重视幼儿园教师职业道德教育，重视社会实践和教育实习；加强从事幼儿园教师教育的师资队伍建设，建立科学的质量评价制度。

(三)幼儿园要将《专业标准》作为教师管理的重要依据。制定幼儿园教师专业发展规划，注重教师职业理想与职业道德教育，增强教师育人的责任感与使命感；开展园本研修，促进教师专业发展；完善教师岗位职责和考核评价制度，健全幼儿园教师绩效管理机制。

(四)幼儿园教师要将《专业标准》作为自身专业发展的基本依据。制定自我专业发展规划，爱岗敬业，增强专业发展自觉性；大胆开展保教实践，不断创新；积极进行自我评价，主动参加教师培训和自主研修，逐步提升专业发展水平。

参考文献

1. 虞永平. 学前课程价值论[M]. 南京：江苏教育出版社，2003
2. 虞永平，等. 学前课程的多视角透视[M]. 南京：江苏教育出版社，2006
3. 汪丽主编. 田野课程：架构与实施[M]. 南京：南京师范大学出版社，2008
4. 秦金亮主编. 走进全实践——反思性幼儿教育实践者的成长之路[M]. 北京：新时代出版社，2007
5. 秦金亮主编. 全实践进行时——反思性幼儿教育实践者的专业养成[M]. 北京：新时代出版社，2011
6. 教育部基础教育司组织编写.《幼儿园教育指导纲要(试行)》解读[M]. 南京：江苏教育出版社，2001
7. 马克斯·范梅南. 教学机智——教育智慧的意蕴[M]. 李树英，译. 北京：教育科学出版社，2001
8. 庞丽娟主编. 教师与儿童发展[M]. 北京：北京师范大学出版社，2003
9. 中国学前教育研究会. 坚定立场　关注细节　提升经验[M]. 济南：明天出版社，2010

10. [美]丽莲·凯兹. 专业的幼教老师[M]. 廖凤瑞，译，台北：台湾信谊基金出版社，1984

11. [日]大宫勇雄. 提高早期保教质量——市场化保教质量论之批判[M]. 李季湄，译. 上海：华东师范大学出版社，2009

12. 教育部师范教育司编. 教师专业化的理论与实践[M]. 北京：人民教育出版社，2001

13. [美]芭芭拉·鲍曼，苏珊娜·多诺万，苏珊·勃恩兹. 渴望学习：教育我们的幼儿[M]. 吴亦东，等，译. 南京：南京师范大学出版社，2005

14. 李季湄，肖湘宁. 幼儿园教育[M]. 北京：北京师范大学出版社，1997

15. 教育部师范教育司编. 中小学教师职业道德规范学习手册[M]. 北京：高等教育出版社，2008

16. 叶澜. 教师角色与教师发展新探[M]. 北京：教育科学出版社，2001

17. 邵光华. 教师专业知识发展研究[M]. 杭州：浙江大学出版社，2011：19-22

18. 邵光华. 个人知识观下的教师专业知识发展研究[M]. 宁波大学学报(教育科学版)[J]，2008(2)：68-72

19. 冯茁，曲铁华. 从 PCK 到 PCKg：教师专业发展的新转向[J]. 外国教育研究，2006(12)：58-63

20. 周金虎. 基于教师知识结构的教师培训研究[J]. 国家教育行政学院学报，2011(5)

21. 联合国教科文组织国际教育发展委员会编著. 学会生存——教育世界的今天和明天[M]. 北京：教育科学出版社，1996：2

22. [苏]维果茨基. 维果茨基教育论著选[M]. 余震球，选译. 北京：人民教育出版社，1994：378-379

23. 金英. 儿童发展中常见心理行为问题分析[J]. 教育导刊，2009

(4)：30

24. 步社民．幼儿园教师成长论[M]. 北京：新时代出版社，2005：78
25. 李维武．人文科学概论[M]. 北京：人民出版社，2007：16-17
26. 胡知凡，包雪鸣．教师艺术素养导论[M]. 北京：北京大学出版社，2011：18
27. 郭立平．信息技术与早期教育[M]. 上海：华东师范大学出版社，2007：5
28. NAEYC. 2010 NAEYC Standards for Initial & Advanced Early Childhood Professional Preparation Programs[EB/OL]. 2010：36.
29. J. Hendrick. 幼儿全人教育[M]. 林翠湄，等，译. 台北：心理出版社，1997：619-620
30. National Education Goals Panel. The Goal 1 Technical Planning Subgroup report on school readiness. Washington，DC：September 4，1991
31. 傅道春. 教师的成长与发展[M]. 北京：教育科学出版社，2001
32. 刘占兰，等. 中国幼儿园教育质量评价——十一省市幼儿园教育质量调查[M]. 北京：教育科学出版社，2011
33. [美]丽莲·凯兹. 与幼儿园教师对话——迈向专业成长之路[M]. 廖凤瑞，译. 南京：南京师范大学出版社，2004
34. 刘焱. 儿童游戏通论[M]. 北京：北京师范大学出版社，2004
35. 朱晓娟. 幼儿园教师反思能力培养研究[M]. 北京：教育科学出版社，2008
36. 莫源秋. 做幼儿喜爱的魅力教师[M]. 北京：中国轻工业出版社，2010
37. 中华人民共和国教育部. 幼儿园教育指导纲要(试行)[M]. 北京：北京师范大学出版社，2001
38. 刘占兰，等. 聚焦幼儿园教育教学：反思与评价[M]. 北京：北京师

范大学出版社，2007

39. 罗树华，李洪珍. 教师能力学[M]. 济南：山东教育出版社，1997

40. 庞丽娟. 中国教育改革30年·学前教育卷. 北京：北京师范大学出版社，2009

41. 袁振国，等. 中国学前教育发展战略研究. 北京：教育科学出版社，2010